Comme une gerbe de blé

Pourquoi l'unité
et
la responsabilité mutuelle
sont-elles
aujourd'hui à l'ordre du jour

Titre original : *Like a Bundle of Reeds, Why unity and mutual guarantee are today's call of the hour*

Traduit de l'anglais par L. Malka, A. Soffer, O. Caunes
Révisé et relu par M. Coursol
Mis en page par M. L. Renaud, E. Bentzi, G. Renaud

ISBN 978-1-51533-296-1
www.kabbalah.info/fr
info@kabbalahbooks.info

Dépôt légal : Septembre 2015

Michaël Laitman

Comme une gerbe de blé

Pourquoi l'unité
et
la responsabilité mutuelle
sont-elles
aujourd'hui à l'ordre du jour

Laitman Kabbalah Publishers

Sommaire

Avant-propos

Le spectre et l'esprit

(Comment j'en suis venu à écrire ce livre)

Je suis né en août 1946, dans la ville de Vitebsk, en Biélorussie. C'était le second été après la fin de la Seconde Guerre mondiale. La vie était morne. Je clopinais lentement vers la monotonie affable de la routine. Fils aîné d'un père dentiste et d'une mère gynécologue, j'ai eu une enfance plutôt insouciante, grandissant dans un quartier périphérique, sans être troublé par les problèmes matériels qui préoccupaient la plupart de mes amis d'enfance.

Pourtant une ombre m'a suivi tout au long de mon enfance et même de mon adolescence. Il s'agissait du spectre de l'Holocauste, ce fantôme que bon nombre ont choisi de ne jamais mentionner, bien qu'il ait toujours été présent. Le nom des membres de la famille ou des amis qui y ont péri était mentionné d'un ton grave, donnant une étrange impression qu'ils étaient encore présents parmi nous, bien que je savais qu'ils ne l'étaient plus.

Plus étrange encore, la répulsion de mes camarades envers les Juifs. Les enfants avec lesquels j'ai grandi haïssaient les Juifs, juste parce qu'ils étaient Juifs. Ils savaient ce qui était arrivé à leurs voisins quelques années auparavant, mais ils restaient sarcastiques et hostiles, comme avant la guerre ; c'est ce que m'ont dit mes aînés. Je ne pouvais pas le comprendre. Pourquoi étaient-ils si hostiles ? Quel mal impardonnable les Juifs leur avaient-ils fait ? Et où avaient-ils appris ces histoires horribles à propos des choses que les Juifs pourraient leur faire subir ?

Comme on pouvait s'y attendre, mes parents ayant tous deux exercé une profession médicale, j'ai aussi « choisi » une carrière médicale. J'ai étudié la biocybernétique médicale, une science qui explore les systèmes du corps humain, et je suis devenu un homme de science, un chercheur à l'Institut de Recherche du Sang à Saint-Pétersbourg. Pourtant, tout en m'imaginant rempli de fierté à la chaire de Stockholm, en Suède, le jour où je recevrais un prix Nobel, un désir plus profond montait en moi.

« Je veux comprendre *le système*, pensais-je, savoir comment *tout marche* ». Mais surtout, je commençais à m'interroger sur le *pourquoi* du *tout* tel qu'il était.

Homme de science dans l'âme, je commençais à chercher des réponses scientifiques qui pourraient *tout* expliquer, comme calculer la masse d'un objet ou l'accélération de sa chute, mais surtout, et *tout d'abord*, ce qui fait que cet objet existe.

Puisque je ne pouvais trouver de réponse dans la science, j'ai décidé d'aller chercher ailleurs. Après avoir été « *refuznik* » (refus du visa d'émigration) pendant deux ans, j'ai finalement obtenu l'autorisation de partir en Israël en 1974.

Arrivé là-bas, j'ai longtemps continué à chercher la raison et la signification de toute chose. Deux ans après mon arrivée, j'ai commencé à étudier la Kabbale. Mais ce n'est qu'en février 1979 que j'ai trouvé mon maître, le Rabash, fils aîné et successeur du Rav Yéhouda Leib HaLevi Ashlag, connu sous le nom de Baal HaSoulam (Maître de l'Échelle), pour son commentaire du *Soulam* (Échelle) sur *le Livre du Zohar.*

Mes prières avaient enfin été entendues ! Chaque jour, chaque heure, de nouvelles révélations me parvenaient. Une à une, les pièces du puzzle se mettaient en place et une image cohérente du monde commençait à germer à l'intérieur de moi, comme si le brouillard lui-même prenait forme devant mes yeux émerveillés.

Ma vie s'est complètement transformée. Je me suis plongé dans les études et j'ai aidé le Rabash de toutes les façons possibles. Puisque j'avais la chance de pouvoir subvenir aux besoins de ma famille en seulement quelques heures de travail par jour, je pouvais consacrer le reste de mon temps à assimiler la sagesse aussi intensément que je le pouvais.

En réalité, c'était pour moi comme de vivre un rêve. J'avais une famille merveilleuse, je vivais dans un pays où je me sentais vraiment libre ; je gagnais ma vie, bien et facilement, et j'avais trouvé réponse aux questions qui me hantaient depuis toujours.

Une de ces questions persistantes portait sur la haine des Juifs. Grâce à la Kabbale, j'avais enfin découvert pourquoi cette haine existait, pourquoi elle continuait et, le plus important, ce qu'il fallait faire pour y remédier. En effet, l'antisémitisme est une plaie au cœur de l'humanité, la répercussion d'une douleur vive que le monde endure depuis presque 4000 ans, depuis qu'Abraham, notre patriarche, a quitté Babylone.

La Kabbale m'a appris qu'Abraham avait demandé à

son peuple de s'unir et de revenir « à un même langage et à une même parole » (Genèse 11,1) et que le Roi Nimrod, gouverneur de Babylone en ce temps-là, l'avait empêché de répandre ses idées. J'en suis graduellement arrivé à comprendre que ce dont le monde a besoin aujourd'hui, c'est de cette même unité, de cette confrérie et de cette garantie mutuelle qu'Abraham avait développée dans son groupe et parmi ses descendants, celle-là même dont le Roi Nimrod avait empêché la transmission à ses frères et sœurs Babyloniens.

Pendant une leçon du matin, mon maître, le Rabash, m'avait enseigné « l'Introduction au Livre du Zohar » du Baal HaSoulam. Vers la fin, le Baal HaSoulam écrivait qu'à moins que les Juifs ne lèguent au monde la sagesse et les voies de l'union, les nations du monde les haïraient, les humilieraient, les exileraient de la terre d'Israël et les tortureraient où qu'ils se trouvent. J'avais lu auparavant cet article d'une profondeur insondable mais, ce matin-là, il eut un effet plus profond sur moi. Je ressentis émaner en moi une autre étape de mon évolution.

Plus tard, ce même jour, nous nous sommes rendus à Kfar-Saba, une petite ville près de Tel-Aviv, à un Kolel (séminaire juif) nommé en l'honneur de mon tuteur bien-aimé. Au sous-sol, le Rabash me montra une boîte de carton, de taille moyenne, remplie à ras bord de bouts de feuilles manuscrites, et il me demanda si je pouvais transporter la boîte jusqu'à la voiture, puis la rapporter à sa demeure.

Je mis la boîte dans le coffre. Sur le chemin du retour, je lui demandai ce qu'étaient ces bouts de papier dans la boîte. Il murmura : « De vieux manuscrits du Baal HaSoulam. » Je le regardai, mais il avait décidé de ne pas quitter la route des yeux et de garder le silence tout le long du retour.

Cette nuit-là, la lumière resta allumée toute la nuit dans la cuisine de Baruch Ashlag. Je restai là, à lire méticuleusement chaque bout de papier, jusqu'à ce que je trouve celui qui me permettrait d'arrêter mes recherches. C'était la pièce du puzzle que je cherchais sans même le savoir. C'était la clef de voûte, le premier pas vers le cheminement que j'allais commencer à partir de là.

La feuille que j'ai trouvée, qui fait à présent partie des « Écrits de la dernière génération » du Baal HaSoulam, conte une histoire faite de soif et d'agonie, d'amour et d'amitié, de délivrance et d'engagement. Voici les mots que j'ai trouvés : « Il existe une allégorie au sujet d'amis perdus dans le désert, affamés et assoiffés. L'un d'eux trouve un lieu abondamment pourvu de tous les délices. Il se rappelle ses pauvres frères, mais il en est déjà très éloigné et ne sait plus où ils se trouvent… Il se met à crier de toutes ses forces et à sonner le shofar ; peut-être que ces pauvres amis affamés entendraient sa voix, se rapprocheraient et arriveraient à cet endroit pourvu de tous les délices ! »

« Telle est notre situation : nous nous sommes perdus dans le terrible désert avec l'humanité entière. À présent, nous avons trouvé un trésor immense et abondant : tous les livres de Kabbale. Ils comblent les aspirations de nos âmes et nous remplissent de richesses et de plaisirs infinis ».

« Nous sommes rassasiés et il y a plus encore. Pourtant, le souvenir de nos amis abandonnés sans espoir dans le désert demeure profondément ancré dans nos cœurs. La distance est longue et les mots ne peuvent pas nous réunir. C'est la raison pour laquelle nous avons mis en place ce shofar, pour sonner fort, afin que nos frères nous entendent, se rapprochent et soient aussi heureux que nous ».

« Frères, notre chair, sachez que l'essence de la sagesse de la Kabbale consiste en la connaissance de la manière dont le monde est descendu de sa position élevée et divine, jusqu'à notre état ignoble… Il est donc très facile de trouver dans la sagesse de la Kabbale toutes nos corrections futures, celles qui sont destinées à nous parvenir des mondes parfaits qui nous ont précédés. À travers cela, nous saurons désormais comment corriger nos façons de faire ».

« Imaginez, par exemple, qu'un livre historique soit trouvé de nos jours qui décrive les dernières générations qui viendront dans dix mille ans, qui décrive le comportement des individus et de la société. Nos dirigeants y chercheraient conseil pour organiser la vie en conséquence et "nous ne protesterions pas dans les rues". La corruption et les terribles souffrances cesseraient et tout rentrerait dans l'ordre paisiblement ».

« Lecteurs distingués, ce livre est à présent devant vous, dans une armoire. Il expose clairement la sagesse entière de la politique et de la gestion de la vie privée et de la vie publique qui prévaudra à la fin des temps. Il parle des livres de Kabbale, où les mondes corrigés sont mis en place… Ouvrez ces livres, vous y trouverez toutes les bonnes conduites qui apparaîtront à la fin des temps, ainsi que de bonnes leçons pour organiser les affaires du monde actuel ».

« Je ne peux plus me maîtriser. J'ai résolu de dévoiler les voies de la correction du destin qui est prévu pour nous et que j'ai trouvé en observant et en lisant ces livres. J'ai décidé de sortir vers les peuples du monde avec ce shofar et je crois — et j'estime — que cela suffira pour rassembler tous ceux qui méritent de commencer à étudier et de se plonger dans ces livres. Ainsi, ils feront pencher la balance du mérite pour eux, de même que pour le monde entier[1] ».

Un an, environ, après avoir trouvé ces papiers, j'ai publié

mes trois premiers livres, avec l'aide et le soutien de mon maître. Depuis, j'en ai publié d'autres et j'ai propagé la Kabbale par de nombreux autres moyens.

La réalité de nos jours est très dure. Souvent, les gens n'ont pas la patience ni le désir de se plonger dans des livres, comme le Baal HaSoulam se l'imaginait. Cependant, l'essence de la sagesse, l'amour et l'unité qui sont les fondements de la réalité et que la Kabbale inculque à ses adeptes, demeurent plus vrais que jamais.

De plus, depuis environ le début du siècle, l'antisémitisme n'a cessé de grandir, une fois de plus, et cette fois-ci à travers le monde entier. Le spectre de la haine des Juifs s'est enraciné partout. En s'étendant furtivement et fielleusement, il menace d'infester les nations entières avec la judéophobie et de répéter les horreurs du passé.

Néanmoins, nous connaissons à présent le remède. Chaque fois que les Juifs s'unissent, le serpent cache sa tête. L'esprit de camaraderie et de responsabilité mutuelle a toujours été notre « arme », notre bouclier contre les adversités. Nous devons maintenant mobiliser cet esprit, nous en recouvrir, et permettre à sa chaleur guérissante de nous envelopper. Lorsque ce sera fait, nous devrons ensuite partager cet esprit avec le reste du monde ; c'est notre vocation, l'essence de notre existence : « une lumière pour les nations. »

Ainsi, puisque nous avons tous besoin de réponses à nos questions les plus profondes, puisqu'au fond d'eux-mêmes tous les Juifs veulent connaître le remède à l'antisémitisme, et parce que c'est le patrimoine de mon maître et du grand maître de mon maître — son père —, j'ai décidé d'exposer ce que j'ai appris d'eux. Ils m'ont appris ce que signifie d'être Juif, ce que signifie d'être engagé, et ce que signifie de partager.

Mais par-dessus tout, ils m'ont appris ce que signifie d'aimer comme le Créateur.

Introduction

« Si une personne tient une gerbe de blé, elle ne peut casser tous les brins tenus ensemble. Mais pris un à un, même un enfant les casserait. De même, les fils d'Israël ne seront délivrés que lorsqu'ils ne formeront plus qu'une seule gerbe ».

(Midrash *Tanhuma Nitsavim*, Chapitre 1)

Tout au long de l'histoire du peuple juif, l'unité et la garantie mutuelle (ou responsabilité mutuelle) ont été les emblèmes de notre nation. D'innombrables sages et maîtres spirituels ont écrit au sujet de la signification de ces deux étendards, les brandissant comme étant le cœur et l'âme de la nation. Ils ont déclaré que la délivrance et la rédemption ne pourront arriver que lorsqu'Israël sera uni.

En fait, le concept de l'unité est tellement prépondérant qu'il a dépassé celui de la dévotion au Créateur et celui de l'observance des commandements. À travers les générations, de nombreux guides spirituels juifs ont insisté sur l'importance de l'unité révélée dans tous les textes sacrés. *Massekhet Derekh Eretz Zouta*, écrite à peu près à la même période que le Talmud, est l'un des nombreux exposés qui aillent dans cet esprit : « Même si Israël adore des idoles, et que la paix règne entre eux, le Seigneur dit "Je ne leur ferai pas de mal." Mais s'ils se querellent, qu'est-il dit ? "Leur cœur est divisé ; à présent ils devront assumer leur faute[2]" ».

Après la destruction du Second Temple, la prédominance de l'unité et de l'amour fraternel s'effondra. Le Talmud de Babylone, une source parmi tant d'autres, nous enseigne que la raison de la destruction du Second Temple est la haine gratuite et la désunion d'Israël. Les sources indiquent même que la haine gratuite est porteuse d'un mal qui, à elle seule, égale les trois grands maux qui ont causé la destruction du Premier Temple : l'idolâtrie, l'inceste et le meurtre. *Massekhet Yoma* nous enseigne cette leçon très clairement : « Le Second Temple… pourquoi a-t-il été détruit ? C'est à cause de la haine gratuite qui s'y trouvait, nous enseignant qu'elle est égale aux trois grandes transgressions, l'idolâtrie, l'inceste et le meurtre, mises ensemble[3]. »

Il est évident que l'unité, la fraternité et la garantie mutuelle sont non seulement dans l'ADN de notre nation, mais qu'elles sont aussi la substance vitale même qui nous a épargné maintes souffrances, quand nous vivions avec ces valeurs, et que lorsque nous abandonnions ces valeurs le mal nous atteignait. En ces temps éprouvants d'égocentrisme extrême et de narcissisme exacerbé, nous avons plus que jamais besoin d'unité, mais cela semble plus inaccessible que jamais.

Il y a quelque trente-quatre siècles, au pied du mont Sinaï, nous nous tenions « comme un seul homme vivant au rythme d'un seul cœur », et c'est ainsi que nous sommes devenus une nation. Depuis lors, l'unité nous a soutenus de tout temps, comme l'écrivain et prédicateur renommé, Rabbi Kalonymus Kalman Halevi Epstein, le décrit dans son œuvre désormais célèbre, *Maor va Shemesh* (Lumière et Soleil) : « Bien que la génération d'Achab fut idolâtre, ils faisaient la guerre et gagnaient, car ils étaient unis entre eux. Il en est de même lorsqu'Israël est uni et s'engage dans l'étude de la Torah pour Elle-même… C'est ainsi qu'ils soumettent tous ceux qui sont contre eux et tout ce qu'ils disent en paroles, Dieu leur accorde tous leurs souhaits[4]. »

En suivant Moïse, nous sommes arrivés à Canaan. Nous avons conquis cette terre et l'avons faite terre d'Israël. Nous fûmes ensuite exilés à Babylone. Une fois que Mardochée nous eut unis à Babylone, nous revinrent, bien qu'il ne restait plus que deux des douze tribus d'origine, et nous établîmes le Second Temple. Tant que nous avons préservé l'unité, nous avons conservé notre souveraineté et notre temple. Mais dès que nous avons abandonné l'amour fraternel, nous nous sommes trouvés accablés d'ennemis et exilés pendant des siècles.

Cependant, la haine gratuite, qui a causé la destruction du Second Temple et l'exil de notre peuple, n'a pas arrêté notre développement — même en exil. Durant les deux derniers millénaires de notre exil, nous sommes restés une communauté unie, qui a toujours gardé une certaine distance par rapport à la vie culturelle des nations où nous résidions.

Néanmoins, depuis le Siècle des Lumières, nous avons graduellement adopté une culture qui encourage la distinction personnelle et la réussite individuelle, et qui tolère l'exploitation du faible et du nécessiteux. Durant les dernières décennies, nous avons tellement excellé dans la culture de l'intérêt personnel et de l'égocentrisme que nous sommes devenus l'opposé de la communauté humaine et bienveillante que nous étions depuis le début de notre nation.

Dans le monde d'aujourd'hui, le ton et l'ambiance qui règnent sont ceux de l'individualisme et de l'égoïsme, voire du narcissisme. Dans leur livre pénétrant, *L'Épidémie du narcissisme : vivre à l'âge du droit subjectif*, les psychologues Jean M. Twenge et Keith Campbell décrivent ce qu'ils considèrent comme « L'impitoyable ascension du narcissisme dans notre culture[5] » et les problèmes qu'il cause. Ils expliquent que « Les États-Unis souffrent actuellement d'une épidémie de narcissisme… le nombre des individus narcissiques augmente aussi vite que celui des obèses ».

Et pire encore, continuent-ils, « L'ascension du narcissisme s'accélère à des taux plus élevés dans les années 2000 que dans les décennies précédentes. En 2006, un étudiant sur quatre répondait à la majorité des critères concernant les traits narcissiques d'une échelle standard[6] ».

La majorité d'entre nous, Juifs, qui sommes pourtant à l'origine du précepte « Aime ton prochain comme toi-même », non seulement reste indifférente ou assiste à cette glorification de l'égoïsme, mais de plus y prend part. Plusieurs mènent même le bal, donnant un peu plus de souffle au phénomène. Nous avons adopté le dicton « À Rome, comporte-toi comme les Romains » avec un enthousiasme spectaculaire ; ainsi, beaucoup de noms juifs sont devenus synonymes de fortune et de puissance. Il n'y a aucun doute que nous ne recherchons pas les richesses et la puissance pour afficher notre héritage culturel comme supérieur à celui des autres. Néanmoins, quand des Juifs gagnent en renommée, ils sont remarqués non seulement pour leur succès, mais aussi pour les valeurs de leur héritage.

Aussi injuste que cela puisse paraître, les Juifs et l'état juif ne sont pas jugés de la même manière que les autres peuples et les autres nations. Ils sont traités d'une façon bien particulière, aussi bien dans le bon que dans le mauvais sens.

Il y a une bonne raison à cela. Quand Abraham découvrit la force unique qui mène le monde, celle que nous appelons « le Créateur », « Dieu », *HaShem, HaVaYaH (Yod-Hey-Vav-Hey)*, ou « le Seigneur », il désira le faire savoir à tout le monde. En tant que Babylonien d'un rang social et spirituel élevé, fils d'un fabricant d'idoles et de statues, sa position lui donnait la possibilité de se faire entendre. Ce n'est que lorsque le roi Nimrod tenta de le tuer, et l'exila plus tard de Babylone, qu'il chercha à aller ailleurs ; il arrivera finalement à Canaan.

Le Rav Moshe Ben Maimon (Maïmonide) décrit comment tout au long de son chemin il continua à chercher des âmes sœurs avec lesquelles il pourrait partager sa découverte : « Il commença à avertir le monde entier et à propager l'idée d'un Dieu unique… Il proclamait cela, en errant de ville en ville, de royaume en royaume, jusqu'à ce qu'il arrive en terre de Canaan… les gens dans les lieux où il arrivait se rassemblaient autour de lui et le questionnaient au sujet de ses paroles, il enseigna à tout le monde… jusqu'à les ramener sur le chemin de la vérité. Finalement, ces milliers et dizaines de milliers de gens qui se rassemblèrent autour de lui et l'écoutèrent ont formé le peuple de "la maison d'Abraham". Il implanta ce précepte dans leur cœur, composa des livres à ce sujet, et l'enseigna à son fils, Isaac. Et Isaac siégea, enseigna, prévint et informa Jacob, le nomma maître, pour siéger et enseigner… Et Jacob le patriarche enseigna à tous ses fils, et sépara Lévi et le nomma à la tête, et il siégea et étudia la voie de Dieu[7]… »

À partir de Jacob, le *Kuzari* raconte : « La Divinité est révélée dans une assemblée. C'est depuis lors que l'on tient le compte des années des ancêtres, selon ce qui nous a été donné dans la loi de Moïse (Torah), et nous savons ce qui s'est déroulé à partir de Moïse jusqu'à ce jour[8]. »

Ainsi, l'unité devint la condition pour atteindre la perception de Dieu, ou du Créateur, comme les Kabbalistes Le nomment souvent (et ce pour des raisons que nous n'aborderons pas ici, vu qu'elles sont au-delà de la portée de ce livre.) Sans unité, la révélation du Créateur était tout simplement impossible. Ceux qui étaient capables de s'unir devinrent le peuple d'Israël et révélèrent le Créateur, la force unique qui crée, gouverne et mène la réalité entière. Ceux qui n'en étaient pas capables demeurèrent sans cette perception, mais avec le sentiment que les Israélites savent quelque chose qu'eux ne connaissent pas, et qu'ils possèdent quelque chose qui leur appartient aussi, mais qu'ils ne peuvent saisir.

C'est bien là la racine de la haine pour Israël, qui devint plus tard l'antisémitisme. C'est le sentiment que les Juifs possèdent quelque chose qu'ils ne partagent pas avec le monde, mais qu'ils devraient partager.

En effet, les Juifs se doivent de le partager avec le monde. De même qu'Abraham essaya de le partager avec tous ses compagnons babyloniens, les Juifs, ses descendants, se doivent d'en faire de même. C'est la signification du précepte qui veut que l'on soit « une lumière pour les nations ». C'est l'obligation à laquelle le grand Rav Kook, premier Grand Rabbin d'Israël, se réfère dans son style éloquent et poétique, quand il écrit : « Le véritable mouvement de l'âme israélienne, à l'apogée de sa grandeur, est exprimé uniquement par la force sainte et éternelle qui coule dans son esprit. C'est cela qui l'a formée, la forme et la formera encore en nation qui se tient comme un phare pour les nations, comme la délivrance et le salut du monde entier, pour son but personnel et pour les objectifs globaux qui y sont liés[9]. »

Cette obligation est aussi celle dont parle le Rav Yehouda Leib Altar en ses mots : « Les enfants d'Israël sont garants d'avoir reçu la Torah pour corriger aussi le monde entier, les nations[10]. »

Mais que sommes-nous obligés de transmettre aux nations exactement ? C'est l'unité, grâce à laquelle l'homme découvrira la force créative, unique, remarquable, le Seigneur, ou Dieu. Voici les mots de Rabbi Shmuel Bornstein, auteur de *Shem MiShmuel* : « Le but de la Création est que tous soient en alliance… mais à cause du péché originel, tout se détériora si bien que même les meilleurs de ces générations ont été incapables de s'unir pour servir le Seigneur, et seuls quelques-uns y sont parvenus[11]. »

C'est pour cette raison, continue Rabbi Bornstein, que seuls ceux qui le pouvaient s'unirent, et les autres se séparèrent jusqu'à ce qu'ils soient capables de se joindre à l'unité. « La correction, dit-il, commença par un rassemblement et une alliance du peuple pour servir le Créateur — en commençant par Abraham, le patriarche, et ses descendants —, afin d'être une communauté fortifiée pour le travail de Dieu. Son idée (celle du Créateur) en séparant les hommes était d'abord de causer une division dans la race humaine, au temps de Babylone, et de disperser tous les mécréants… Puis le rassemblement pour servir le Créateur débuta, par Abraham qui alla et propagea le nom du Seigneur, jusqu'à ce qu'une grande communauté se soit rassemblée autour de lui, qui a été nommée "le peuple de la maison d'Abraham". Le mouvement continua d'évoluer jusqu'à devenir l'assemblée de la congrégation d'Israël… et la fin de la correction se produira dans le futur, quand le monde deviendra une société unique qui accomplira la volonté de Dieu de plein gré[12] ».

Si nous considérons les circonstances globales actuelles, il semble urgent que chacun connaisse le concept de l'unité comme le moyen de révéler le Créateur. Une fois que nous connaîtrons et accepterons, tous, ce précepte, la paix et la fraternité régneront naturellement.

En fait, d'après le renommé Kabbaliste Yéhouda Ashlag, également connu sous le nom de Baal Hasoulam (Maître de l'Échelle) pour son commentaire du *Soulam* (Échelle) sur *le Livre du Zohar*, le besoin de connaître le Créateur urge depuis déjà un siècle. Dans son article « La paix dans le monde », qui date du début des années 1930, le Baal Hasoulam explique que puisque nous sommes tous interdépendants, nous devons appliquer les lois de la garantie mutuelle dans le monde entier. Alors que le terme « globalisation » n'existait pas dans les traités de son époque, ses mots illustrent clairement le besoin urgent de transformer le monde en une seule et vigoureuse entité.

Voici la description de la globalisation et de l'interdépendance selon le Baal Hasoulam : « Ne soyez pas surpris si je fais l'amalgame entre le bien-être d'un groupe particulier et le bien-être du monde entier, car nous sommes en fait arrivés à un stade où le monde entier est considéré comme un seul groupe, une société unique. » Cela signifie que puisque chaque être humain tire la quintessence de sa vie et de son gagne-pain de l'humanité, il est contraint en retour de contribuer au bien-être du monde entier et d'en prendre soin.

« Par conséquent, la possibilité de faire le bien, le bonheur et la paix dans un état est inconcevable tant qu'il n'en est pas de même pour les autres pays du monde et vice versa. Car à notre époque, les pays sont tous occupés à satisfaire leurs besoins, tout comme l'étaient les membres d'une même famille dans les premiers temps. Nous ne pouvons donc plus parler, ni faire cas de la conduite à tenir pour établir le bien-être d'un pays ou d'une nation, sans nous préoccuper de celui du monde entier, car le bienfait ou le préjudice de chaque personne dans le monde dépend et est fonction du bien-être de tous les êtres humains du monde entier[13] ».

Néanmoins, pour que le monde réalise cette unité, cette

garantie mutuelle, il a besoin d'un modèle de comportement, d'un groupe ou d'une collectivité qui sache l'appliquer, révéler le Créateur. Ainsi, en donnant l'exemple, les Juifs tracent le chemin pour le reste de l'humanité. Du fait que nous, les Juifs, ayons déjà atteint ce point et que le monde le ressente inconsciemment, il est de notre devoir de ranimer cet amour fraternel entre nous, d'atteindre cette force unique et de les transmettre toutes deux — la méthode de l'unité et la perception du Créateur —, au reste du monde. Là est le rôle des Juifs : apporter la lumière du Créateur au monde, être une lumière pour les nations.

Dans l'article « L'amour de Dieu et l'amour de l'homme », le Baal Hasoulam décrit clairement ce *modus operandi* : « L'État d'Israël a été fondé de façon transitoire. Dans la mesure où Israël lui-même est purifié par la pratique de la Torah (la loi de l'unité dont nous avons parlé au début de cette introduction comme condition préalable pour révéler le Créateur), il transmet sa force au reste du monde. Et quand les autres nations feront pencher la balance du mérite (en s'unissant pour révéler le Créateur), le Messie (la force qui nous tire hors de notre égoïsme) sera révélé[14]. »

Rav Yéhouda Altar décrit en des termes similaires le rôle des Juifs par rapport au reste des nations : « Il semblerait que les enfants d'Israël, ceux qui ont reçu la Torah, seraient les emprunteurs et non les garants, si ce n'était qu'ils sont devenus responsables de la correction du monde entier par la force de la Torah. C'est pourquoi il leur a été dit : "Et vous serez pour Moi un royaume de *Kohanim* (prêtres) et une nation sainte..." Et ils répondirent ainsi : "Tout ce que l'Éternel a dit, nous le ferons", c'est-à-dire corriger la Création entière... En vérité, tout dépend des enfants d'Israël. Dans la mesure où ils se corrigeront, toutes les créations les suivront. De la même manière que les étudiants suivent le Rav (leur maître) qui se corrige… ainsi la Création entière suivra les enfants d'Israël[15]. »

Chapitre 1

Une nation est née

(La naissance du peuple d'Israël)

Avant de nous arrêter à la raison d'être et à la situation du peuple d'Israël dans le monde, nous devons examiner comment la nation d'Israël a été fondée et comment cette fondation a évolué. Transportons-nous dans le temps et l'espace, quelque 4000 ans en arrière et quelque 4000 kilomètres vers l'Est, jusqu'en Mésopotamie, au cœur du Croissant fertile, le berceau de la civilisation. Une cité du nom de Babylone s'y trouvait qui abritait une civilisation florissante. Elle était située à l'intérieur d'une vaste étendue de terre fertile entre le Tigre et l'Euphrate, ce qui correspond à l'Irak actuel. Débordante de vie et d'action, elle était le centre commercial de l'Antiquité.

Babylone, le cœur de cette civilisation animée, était un creuset, un substrat idéal sur lequel une multitude de croyances et d'enseignements croissaient et fleurissaient. Les Babyloniens pratiquaient de nombreuses idolâtries. *Sefer HaYashar (Le livre de celui qui est droit)* décrit la vie des Babyloniens en ce temps, ainsi que les voies de leurs idolâtries : « Chacun sur cette terre se faisait en ce temps-là son propre dieu, des dieux de bois et de pierre. Ils les adoraient et ceux-là devinrent des dieux pour eux. En ce temps, le roi et tous ses serviteurs, dont Terah (le père d'Abraham) et toute sa maison, étaient les premiers à adorer des idoles de bois et de pierre… (Terah) les adorait et se prosternait devant elles, de même que toute cette génération. Ainsi, ils avaient abandonné le Seigneur qui les avait créés et il n'y avait plus un seul homme sur toute cette terre qui connaissait le Seigneur[16]… »

Cependant, Abraham, le fils de Terah, dont le nom était encore Abram, possédait une qualité qui le rendait unique : il était exceptionnellement perspicace et avait une passion scientifique pour la vérité. Abraham était aussi une personne compatissante, qui remarquait que les gens de la ville devenaient de plus en plus mécontents. En y réfléchissant, il se rendit compte que la cause de leur mécontentement était un égoïsme grandissant et un éloignement de plus en plus marqué entre les uns et les autres. En une période de temps relativement courte, l'unité et l'attention mutuelle furent rompues. De « Toute la terre avait une seule langue et les mêmes mots » (Genèse 11,1), ils sombrèrent dans la vanité et l'aliénation : « Ils dirent encore : Allons ! Bâtissons-nous une ville et une tour dont le sommet touche au ciel, et faisons-nous un nom » (Genèse 11,4).

En fait, ils étaient tellement occupés par la construction de leur tour d'orgueil qu'ils oublièrent complètement les personnes qui étaient auparavant tels des parents pour eux. L'ouvrage *Pirkey* de Rabbi Eliezer (Les chapitres de Rabbi Eliezer), un des *Midrashim* (commentaires) de la Torah (Pentateuque), offre une description vivante, non seulement de la vanité des Babyloniens, mais aussi de l'aversion qu'ils avaient les uns pour les autres. Le livre rapporte : « Nimrod dit à son peuple : "Bâtissons-nous une grande ville, et habitons-la, de peur d'être dispersés à travers la terre, comme les premiers, et construisons une grande tour en son centre qui se dresse jusqu'au ciel… et ayons un grand nom sur la terre…" »

« Ils la construisirent haute… ceux qui faisaient monter les briques grimpaient du côté Est, ceux qui descendaient le faisaient du côté Ouest. Si une personne tombait et mourait, personne n'y faisait attention. Mais si une brique tombait, ils s'asseyaient, pleuraient et disaient : "Quand une autre viendra-t-elle à sa place[17] ?"»

L'attitude des gens du pays les uns envers les autres tracassait Abraham — ainsi venait-il et observait-il le comportement des maçons. *Pirkey de Rabbi Eliezer* continue à décrire ses observations sur l'animosité des uns envers les autres : « Abraham, fils de Terah, alla et les regarda construire la ville et la tour. » Il essaya de leur parler et de leur faire connaître le Créateur, la force de l'unité qui gouverne, qu'il avait lui-même découverte, et de leur prouver que tout irait très bien si seulement ils agissaient eux aussi selon la loi de l'unité. « Mais ils détestèrent ses paroles », dit le livre. Au lieu, « Chacun désirait parler la langue des autres » comme auparavant, quand ils avaient encore un seul langage, « mais ils ne connaissaient pas la langue de l'autre. Que firent-ils ? Ils prirent chacun leur épée et se battirent à mort. En effet, la moitié du monde mourut là par l'épée[18]. »

Face à l'affreuse situation de son peuple, Abraham décida de répandre le précepte qu'il avait découvert, sans tenir compte des risques. Dans sa composition, *HaYad HaKhazaka* (La main puissante), connue aussi sous le nom de *Mishneh Torah* (La *répétition de la Torah)*, le célèbre érudit du douzième siècle, le Maïmonide (le RAMBAM) décrit la résolution et les efforts d'Abraham afin de découvrir les vérités de la vie : « Dès que cet être acharné fut sevré, il commença à se poser des questions… Il commença à réfléchir nuit et jour et à se demander comment était-il possible que cette roue tourne toujours sans la présence d'un conducteur. Qui la fait tourner ? Elle ne peut quand même pas tourner toute seule ? Et il n'avait ni maître ni éducateur. Au lieu, il était coincé à Ur, en Chaldée, parmi des idolâtres illettrés, avec sa mère et son père et tout le peuple qui adorait les étoiles, et lui les adorant avec eux[19]. »

Dans sa recherche, Abraham découvrit l'unité, l'unicité de la réalité, cette force créatrice unique qui crée, nourrit et mène toute la réalité vers son but. Voici les mots de Maïmonide : « Abraham atteignit le chemin de la vérité… par sa propre sagesse positive et il savait qu'il y avait là un Dieu qui dirige… qu'Il a tout créé, et que dans tout ce qui existe, il n'y a d'autre Dieu que Lui[20]. »

Pour comprendre exactement ce qu'Abraham éprouva, rappelez-vous que lorsque les Kabbalistes parlent de Dieu, ils ne font pas allusion à un être tout-puissant ou à une force qu'il faut adorer, satisfaire, apaiser et qui, en retour, récompense les fidèles dévots en leur accordant la santé, la richesse, une longue vie et d'autres bienfaits terrestres. Au contraire, les Kabbalistes identifient Dieu avec la Nature, *toute la Nature.*

Rav Yéhouda Ashlag, connu sous le nom de Baal HaSoulam (Maître de l'Échelle), fit de nombreuses déclarations non équivoques sur la signification du terme « Dieu ». En bref, il explique que Dieu est synonyme de Nature. Dans son article « La paix », le Baal HaSoulam écrit (dans un extrait légèrement revisité) : « Dès lors, pour éviter d'avoir à utiliser les deux termes, Nature et Superviseur, entre lesquels il n'y a aucune différence, comme je l'ai démontré… il nous est préférable… d'accepter les paroles des Kabbalistes, que *HaTeva* (la Nature) est identique… à

Elokim (Dieu). Je pourrai, donc, nommer les lois de Dieu "les commandements de la Nature" et vice-versa, car ils ne font qu'un et sont identiques et il n'y a plus besoin de discuter là-dessus[21]. »

« À quarante ans, écrit Maïmonide, Abraham en vint à connaître son Créateur », la loi unique de la Nature, qui crée toute chose. Cependant Abraham ne garda pas sa découverte pour lui seul : « Il commença à donner des réponses au peuple d'Ur en Chaldée, à parler avec eux et à leur dire que le chemin sur lequel ils avançaient n'était pas la voie de la vérité[22]. » Hélas, Abraham s'est frotté au gouvernement qui était alors représenté par Nimrod, roi de Babylone.

Midrash Rabbah, écrit au cinquième siècle de notre ère, présente une vive description de la confrontation d'Abraham avec Nimrod ; un regard sur les difficultés qu'Abraham éprouva pour sa découverte de la vérité et son dévouement à son égard. Cela donne aussi un éclairage amusant sur la ferveur d'Abraham. « Terah (père d'Abraham) était un idolâtre (gagnant sa vie de la fabrication et de la vente de statues, dans son magasin familial). Un jour, il se rendit à un certain endroit et il demanda à Abraham de le remplacer au magasin. Un homme entra qui voulait acheter une statue. (Abraham) lui demanda : "Quel âge avez-vous ?" L'homme répondit : "Cinquante ou soixante." Abraham lui dit : "Malheur à celui qui a soixante ans et qui doit adorer une statue vieille d'un jour." L'homme partit embarrassé ».

« Une autre fois, une femme entra avec un bol de semoule. Elle lui dit : "Voilà, sacrifie cela aux statues." Abraham se leva, prit un marteau, cassa toutes les statues, puis mit le marteau dans les mains de la plus grande. Quand son père rentra, il lui demanda : "Qui leur a fait ça ?" Abraham répondit : "Une femme est venue. Elle leur a apporté un bol de semoule et m'a demandé de le leur sacrifier. Je l'ai sacrifié et l'une d'elles a dit 'Je mangerai en premier', et une autre a dit 'C'est moi qui mangerai en premier.' La plus grande s'est levée, a pris le marteau et les a cassées." Son père lui dit : "Tu me fais marcher ? Que comprennent-elles ?" Et Abraham lui répondit : "Tes oreilles entendent-elles ce que ta bouche est en train de dire[23] ?"»

À ce moment-là, Terah sentit qu'il ne pouvait plus discipliner son insolent de fils. « (Terah) prit Abraham et le livra à Nimrod (le roi, mais aussi la plus haute autorité spirituelle à Babylone). Nimrod lui dit : "Adore le feu". Abraham répondit : "Je devrais peut-être adorer l'eau, qui éteint le feu ?" Nimrod répliqua : "Adore l'eau !" Abraham lui dit : "Alors je devrais peut-être adorer le nuage, qui porte l'eau ?" Nimrod répondit : "Adore le nuage !" »

« Abraham lui dit : "Dans ce cas, devrais-je adorer le vent, qui disperse les nuages ?" Il lui dit : "Adore le vent !" Abraham lui dit : "Et devrions-nous adorer l'homme, qui endure le vent ?" Nimrod lui dit : "Tu parles trop ; je n'adore que le feu. Je vais t'y jeter et que ton Dieu que tu adores vienne et t'en sauve ! " »

« Haran (frère d'Abraham) était présent. Il dit : "Si Abraham gagne, je dirai que je suis d'accord avec Abraham et si Nimrod gagne, je dirai que je suis d'accord avec Nimrod." Quand Abraham descendit dans le fourneau et en fut sauvé, ils demandèrent à Haran : "Avec qui es-tu ?" Il leur dit : "Je suis avec Abraham." Ils le prirent et le jetèrent dans le feu. Il mourut en présence de son père. Ainsi, il fut dit : "Et Haran mourut en présence de son père Terah[24]."»

Ainsi, Abraham résista à Nimrod, mais fut exilé de Babylone et partit vers la terre de Haran (prononcé Kharan, pour la distinguer de Haran, fils de Terah). Cependant, juste parce qu'il fut exilé de Babylone, cela n'empêcha pas Abraham de répandre sa découverte pour autant. Voici la description minutieuse qu'en fait Maïmonide : « Il commença à en appeler au monde entier, à répandre le fait qu'il y a un seul Dieu pour le monde entier… Il propagea la nouvelle, errant de ville en ville et de royaume en royaume, jusqu'à ce qu'il arrive à la terre de Canaan… »

« Et puisqu'ils [les gens dans les lieux où il errait] se rassemblaient autour de lui et le questionnaient au sujet de ses paroles, il enseigna à tout le monde… jusqu'à les ramener sur le chemin de la vérité. Finalement, des milliers et des dizaines de milliers de personnes se rassemblèrent autour de lui qui devinrent le peuple de "la maison d'Abraham." Il implanta ce précepte dans leur cœur, composa des livres à son sujet, et l'enseigna à son fils Isaac. Et Isaac s'assit et enseigna, prévint et informa Jacob, puis le nomma maître, pour siéger et enseigner… Et Jacob le patriarche enseigna à tous ses fils, et sépara Lévi et le nomma à la tête, et il siégea et étudia la voie de Dieu[25]… »

« Pour s'assurer que la vérité soit transmise à travers les générations, Jacob ordonna à ses fils de ne pas cesser de nommer des personnes désignées parmi les fils de Lévi, afin que la connaissance ne soit pas oubliée. Cela continua et se répandit chez les fils de Jacob et ceux qui les accompagnaient[26] ».

Israël : le désir le plus intense

Le résultat incroyable des efforts d'Abraham fut la naissance d'une nation qui connaissait les lois les plus profondes de la vie, l'ultime Théorie de Tout, ou, comme le dit Maïmonide : « Une nation qui connaissait le Seigneur fut créée dans le monde[27]. »

En effet, Israël n'est pas simplement le nom d'un peuple. En hébreu, le mot Israël est composé de deux mots : *Yashar* (droit) et *El* (Dieu). Israël désigne donc un *état d'esprit* de vouloir découvrir les lois de la vie, un désir d'atteindre ou de percevoir le Créateur. Voici les mots de Rabbi Meir Ben Gabai : « Dans la signification du nom "Israël", il y a aussi *Yashar El* (droit vers Dieu) [28]. » De même, dans son *Drush* (sermon écrit) concernant la Prière du Voyageur, le grand Ramkhal écrivit tout simplement « *Yashar El* » pour Israël.

En d'autres termes, Israël n'est pas une ascendance génétique ou une attribution, mais plutôt le nom ou la réalisation du désir qui conduisit Abraham à ses découvertes. Génétiquement, les premiers Israélites étaient soit Babyloniens soit des membres d'autres nations qui se sont joints au groupe d'Abraham. La signification de leur nom était claire pour les anciens Israélites. Comme l'a écrit Maïmonide, ils avaient leurs maîtres, les Lévites, et il leur était enseigné de suivre les lois essentielles de la vie.

Toutefois, de nos jours, nous ne sommes plus conscients du fait qu'« Israël » réfère en réalité au désir de connaître la loi fondamentale de la vie, le Créateur, et qu' « Israël » ne fait pas allusion à une lignée génétique. Presque 2000 ans de dissimulation de la vérité, depuis la destruction du Second Temple, ont pratiquement effacé la vérité — que la découverte d'Abraham était destinée à *tous* les peuples du monde, exactement comme Abraham lui-même la destinait à *tous* les peuples de Babylone, et que, plus tard, il « commença à […] propager au monde entier », pour citer Maïmonide.

Au fil des ans, seuls les Kabbalistes gardèrent cette vérité en vie. Des Kabbalistes tels que Elimelekh de Lizhensk[29], Shlomo Ephraïm Luntschitz[30], Haim Iben Attar[31], Baruch Ashlag[32], et beaucoup d'autres, l'ont écrit en termes clairs :

Israël signifie *Yashar El* (droit vers Dieu).

De plus, le besoin de découvrir cette force est, de nos jours, plus significatif que jamais. Rien n'a changé dans la Nature depuis le temps d'Abraham : le Créateur est toujours la force *unique* qui crée, gouverne et maintient la vie.

Ce qui a changé, c'est qu'aujourd'hui nous avons plus que jamais besoin de la connaissance véritable du Créateur. Du temps d'Abraham, l'humanité avait beaucoup d'autres voies à suivre, en dehors du chemin de vérité d'Abraham. Néanmoins, de nos jours, les voies sociales prouvent qu'elles sont de moins en moins efficaces pour résoudre le déclin de la morale sociale et de l'union.

En effet, la culture babylonienne prit fin avec le temps et le peuple se dispersa à travers le monde. Leur éloignement et le désaccord social qui causèrent leur chute — symbolisée par la ruine de la tour — devinrent à peine visibles et s'effacèrent. Les gens s'installèrent dans de nouvelles contrées, apportant avec eux la culture et le comportement babyloniens, inconscients qu'ils portaient leurs habitudes de disharmonie en eux, germes des futures mésententes.

À présent que nous avons une communauté planétaire, toute crise se produit à une échelle planétaire. Les erreurs que nous faisons se répercutent sur le monde entier, rendant capitale la découverte par Abraham d'une force unique, et cette information pourrait sauver des vies, et doit être ajoutée à nos calculs et à nos plans si nous voulons survivre.

Unité et donc égalité

De nos jours, notre seul espoir est l'union, car l'union, comme nous le verrons ci-dessous, est la direction de la force qui conduit la vie. Notre défi est donc d'apprendre *comment* nous unir. Il est possible et vraisemblable, qu'en temps de crise, il nous sera requis de reconnaître la force de la vie et de générer un effort mutuel de coopération et de collaboration afin de vivre selon ce que cette loi nous dicte.

Il faut remarquer, néanmoins, que l'unité n'exige pas l'égalité ou la similarité. Elle exigerait, plutôt, *la disparité,* au-dessus de laquelle nous unir. Aujourd'hui, par exemple, il y a plusieurs branches dans la religion juive, de même que dans les mouvements juifs non affiliés. L'unité juive voudrait dire que, *sans* changer nos coutumes, sans converger en une seule branche, nous pourrions nous unir et apprendre à nous apprécier et finalement réellement prendre soin les uns des autres.

Si cela semble impossible, imaginez une famille avec plusieurs enfants. Dans une famille normale, chaque enfant a son propre caractère. Le plus souvent, ces caractères s'entrechoquent, comme en témoignent les souvenirs des querelles d'enfance avec nos proches. Nous pensons souvent à nos frères et sœurs en ces termes : « S'il/elle n'était pas mon frère/ma sœur, je n'aurais jamais voulu être près de lui/d'elle. » Cependant, c'est justement le fait que nous *soyons* ensemble avec nos très différents frères et sœurs, qui prouve que, lorsqu'il y a de l'amour nous pouvons nous unir *au-dessus* des différences.

C'est précisément ce que nous devons faire, nous unir *au-dessus* de nos différences. C'est par cela que nous ressentirons intensément aussi bien nos qualités diverses, et souvent opposées, que l'union qui les recouvre. Quand cela se produira, nous pourrons *utiliser* nos différences au mieux — vu que chacun apporte des perspectives, des idées et des modes d'action qu'aucun autre ne possède — en formant ainsi une entité plus forte. De même, notre corps a besoin que les différents organes fonctionnent ensemble pour le garder en bonne santé ; nous avons besoin de rester différents et unis au-dessus de ces différences, dans le but commun de réaliser le rôle du peuple juif, qui est d'apporter la lumière de l'union aux nations.

Pour en revenir à notre sujet précédent, suite au départ d'Abraham de Babylone, la cité continua à développer un égocentrisme désinvolte. Bien qu'il n'y ait rien de mal au plaisir et à la jouissance, quand on les éprouve sous une perspective égocentrique, ils sont finalement autodestructeurs. Abraham découvrit que le véritable but de la vie est de devenir semblable à la force unique, de faire l'expérience de l'unicité et de l'union avec tous. Nos sages nomment cette union et unicité *Dvékout* (adhésion). Ce qu'ils veulent dire par ce mot, c'est que nous devrions finalement acquérir les qualités du Créateur et devenir semblables, et même égaux, à Lui.

Pour citer Rabbi Meir Ben Gabai, « Du côté de la *Dvékout* (adhésion) avec les forces du Grand Nom et Ses qualités, tu te dévoues au Seigneur ton Dieu, car Il est Son nom et Son nom est Lui, parce que tu es lié et semblable à Lui et la *Dvékout* avec Lui est la vraie vie[33]. » De même, le Shelah HaKadosh a écrit dans *Toldot Adam* (Histoire de l'Homme) : « Nos sages ont dit (*Sotah* 14a) : "Et toi qui te dévoues au Seigneur, attache-toi à Ses qualités", et ensuite il sera nommé Adam (homme), comme dans *adameh la Elion* (je serai comme le plus haut)[34]. »

Au vingtième siècle, le Baal HaSoulam développa de manière considérable le terme « *Dvékout* », le définissant comme « l'équivalence de forme », qui signifie acquérir la « forme » (les qualités) du Créateur. Dans son « Introduction à la Préface de la Sagesse de la Kabbale », il écrivit : « L'âme sera donc apte à recevoir toute l'abondance et le plaisir inclus dans la Pensée de la Création et sera aussi en *Dvékout* (adhésion) complète avec Lui, en équivalence de forme[35]. »

Dans « L'Introduction au Livre du Zohar », Baal HaSoulam ajoute : « Ainsi, l'homme achète une complète adhésion à Lui, car l'adhésion spirituelle n'est qu'équivalence de forme, comme nos sages l'ont dit : "Comment est-il possible d'adhérer à Lui ? Adhère, plutôt, à Ses qualités[36]." »

Avec le temps, comme mentionné plus haut, le groupe d'Abraham grandit et devint une nation et le besoin se fit sentir d'une nouvelle méthode d'union. Les enseignements d'Abraham se maintinrent aussi longtemps que chacun d'Israël pouvait les recevoir. Cependant, lorsque le peuple d'Israël sortit d'Égypte, il comptait 600 000 hommes et quelque trois millions de personnes en tout. Il était impossible de leur enseigner à tous de la même manière qu'un maître enseigne à un petit groupe.

La solution fut trouvée au pied du mont Sinaï. C'est là, au point crucial de l'histoire de notre peuple, que le précepte le plus fondamental de notre Torah fut donné. Il est donné jusqu'à ce jour, chaque jour et à chaque instant. Ce précepte, comme Rabbi Akiva l'énonce, est le suivant : « Aime ton prochain comme toi-même. »

Au pied du mont Sinaï, explique RASHI, le grand érudit et commentateur, nous avons reçu la Torah, les lois par lesquelles nous devons nous unir, parce que là nous avons accepté de tout cœur de le faire. Voici ses mots : « Et Israël campa là, tel un seul homme vivant au rythme d'un seul cœur[37]. » Dès ce moment, l'unité a été la principale possession du peuple Juif, le moyen par lequel atteindre le Créateur, acquérir Ses qualités et obtenir la *Dvékout*, l'équivalence de forme (qualités) avec Lui.

Il est écrit dans *Midrash Tanna Devei Eliyahu*, « Le Seigneur leur dit à Israël : “Mes fils, est-ce que Je manque de quoi que ce soit que Je vous le demande ? Et qu'est-ce que Je vous demande ? Seulement que vous vous aimiez les uns les autres, que vous vous respectiez les uns les autres, que vous vous craigniez les uns les autres, et qu'il n'y ait aucune transgression, ni vol, ni infamie entre vous[38].” »

Avec le temps, l'unité devint cruciale, au point de surpasser les autres commandements, en termes d'importance. Elle devint l'unique et la seule clef de la délivrance spirituelle d'Israël et de la libération de ses ennemis. Il est écrit dans *Midrash Tanhuma*, « Si une personne tient une gerbe de blé, elle ne peut casser tous les brins tenus ensemble. Mais pris un à un, même un enfant les casserait. De même, les fils d'Israël ne seront délivrés que lorsqu'ils ne formeront plus qu'une seule gerbe[39] ».

Dans le même esprit, il est écrit dans *Massekhet Derekh Eretz Zoutah* : « Ainsi Rabbi Eléazar ha-Kappar disait : “Aimez la paix et détestez la division. La paix est grandiose, car même quand Israël pratique l'idolâtrie et qu'il est en paix, le Créateur dit : ‘Je ne désire pas les toucher (leur faire de mal)’, comme il est écrit (Osée 4,17) : ‘Éphraïm est attaché aux idoles, laisse-le’. S'ils sont divisés, que dit-on d'eux ? (Osée 10,2) ‘Leur cœur est divisé, maintenant ils vont en porter la culpabilité[40].’” »

Néanmoins, malgré tout ce qui a été dit sur l'importance de l'union, lorsque nous regardons autour de nous, il est évident que la majorité du peuple ne veut pas s'unir, ni ne trouve un quelconque bénéfice à s'unir — et certainement pas avec leurs voisins, comme le dicte le précepte. Pour comprendre comment un tel précepte devient primordial pour l'existence de notre peuple, et à présent pour le monde entier, nous devons examiner l'évolution de la réalité d'un point de vue différent de celui que la science utilise habituellement. Nous devons voir la réalité comme une *évolution des désirs*. Lorsque nous voyons la réalité ainsi, le raisonnement derrière l'importance du désir de s'unir, et sa résultante — à savoir l'acquisition des propriétés du Créateur — deviennent évidents. C'est pourquoi l'évolution des désirs sera le sujet du prochain chapitre.

Chapitre 2

Je veux, donc je suis

(La vie comme une évolution de désirs)

Dans le chapitre précédent, nous avons dit que le nom *Israël* est composé des mots *Yashar* (droit) et *El* (Dieu). Nous avons montré que ce nom est apparu quand Abraham rassembla le peuple qui désirait atteindre le Créateur, découvrir Dieu. Ce peuple fut nommé Israël d'après ce désir. Dans ce chapitre, nous considérerons la formation des désirs en général et la formation du désir pour le Créateur, à savoir Israël, en particulier. Pour cela, nous devons envisager la réalité comme une évolution de désirs.

En 1937, le Baal HaSoulam publia le *Talmud Esser Ha Sefirot* (*Étude des Dix Sefirot*), un commentaire monumental sur les écrits de l'ARI, auteur de *L'Arbre de Vie*. Dans ce commentaire, l'auteur explique à grand renfort de détails qu'à la base de la réalité réside un désir qu'il appelle « le désir de donner », et que ce dernier créa le désir de recevoir. C'est la raison pour laquelle, explique le Baal HaSoulam, nos sages témoignent que « Il est bon et bienfaisant »[41] et parlent de « Son désir de faire le bien à Ses créations[42] ».

Dans la première partie de l'*Étude des Dix Sefirot*, le Baal HaSoulam explique pourquoi le désir de donner crée nécessairement le désir de recevoir et pourquoi les deux désirs sont à la base de la Création entière. Voici ses mots : « Dès qu'Il contempla la création afin de réjouir Ses créatures, cette Lumière (plaisir) se répandit immédiatement et émana de Lui dans la pleine mesure et forma les plaisirs qu'Il avait contemplés. Tout est inclus dans cette pensée, que nous nommons "La Pensée de la Création"... Le ARI a dit qu'au début une Lumière simple, supérieure, comblait la réalité entière. Cela signifie que dès que le Créateur envisagea de réjouir les créations, que la Lumière émana de Lui et Le quitta, le désir de recevoir Ses plaisirs fut immédiatement gravé dans cette Lumière[43] ».

Pour souligner l'affirmation que le désir de donner, le Créateur, créa le désir de recevoir afin de lui donner du plaisir, le Baal HaSoulam donne le titre suivant à cette partie : « Le désir de donner de l'Émanateur engendre nécessairement le désir de recevoir dans l'émané, et il (le désir de recevoir) est le réceptacle dans lequel l'émané reçoit Son Abondance[44]. »

Ashlag n'a pas été le premier à considérer que le désir de donner créa le désir de recevoir, quoiqu'il l'ait fait bien plus implicitement. Rabbi Isaiah Halevi Horowitz (le Shelah HaKadosh) écrit aussi : « Puisqu'Il préféra faire le bien à Ses créations, Il désirait les faire bénéficier d'un bénéfice réel, avec la question de la création du mauvais penchant (désir de recevoir, égoïsme), qui est en faveur des créations[45]. »

À l'instar des deux sages mentionnés ci-dessus, Rabbi Nathan Sternhertz écrit dans *Likoutey Halakhot* (Choix de lois) : « le Seigneur augmente Sa miséricorde et Sa bonté, car Il souhaite faire bénéficier Ses créations du meilleur absolu[46]. »

Donc, le désir de donner — le Créateur — désire nous donner, à nous Ses Créations, et nous sommes censés recevoir ce bien, ce don. Pourtant, quel est ce bénéfice, ce bien, que nous sommes censés recevoir ?

Dans son « Introduction à l'étude des dix Sefirot », le Baal HaSoulam écrit que le bénéfice que nous sommes censés recevoir est d'atteindre le Créateur, comme Abraham l'a fait il y a presque 4000 ans. Voici les mots d'Ashlag : « En atteignant, on ressent le merveilleux bénéfice contenu dans la Pensée de la Création, qui est de réjouir Ses créatures de Sa main pleine, bonne et généreuse. Un merveilleux amour apparaît entre une personne et le Créateur, à cause de l'abondance des bénéfices qu'elle atteint, se déversant sur elle constamment, à travers les mêmes voies et canaux par lesquels l'amour naturel apparaît. Néanmoins, tout cela n'arrive à une personne qu'à partir du moment où elle atteint[47]. »

Pour atteindre le Créateur, nous devons avoir des qualités similaires aux Siennes. Dans les termes du Baal HaSoulam, nous devons être en « équivalence de forme » avec Lui. Dans « L'Introduction au livre *Panim Meirot ouMasbirot* (Visage lumineux et accueillant) », Ashlag écrit : « Comment quelqu'un peut donc atteindre la lumière [...] alors qu'il est séparé et tout à fait en opposition de forme [...] et que la haine est grande entre eux (le Créateur et l'homme) ? [...] C'est pourquoi [...] on se purifie lentement et on inverse la forme de réception en intention de donner. L'homme découvre qu'il égalise sa forme avec le système de sainteté et l'égalité, et l'amour entre eux revient [...] Donc, il est récompensé par la Lumière [...] puisqu'il est entré en présence du Créateur[48]. »

Quatre niveaux de désirs forment la réalité

En examinant la réalité à travers la perspective de l'évolution des désirs, les Kabbalistes découvrirent que le désir de recevoir, que nous venons de décrire, est composé de quatre niveaux distincts — le minéral (inanimé), le végétatif (flore), l'animé (faune) et le parlant (humain). Depuis que le ARI a mentionné la division de la réalité en ces quatre niveaux, au seizième siècle, de nombreux érudits et Kabbalistes les ont abordés. Le MALBIM (Meir Leibush Ben Yekhiel Michel Weiser)[50], Rabbi Pinhas HaLevi Horovitz[51] et le RABaD (Rabbi Abraham Ben David) ont écrit : « Toutes les créatures du monde sont minérales, végétales, animées et parlantes[52]. » Ces trois sages sont parmi de nombreux autres qui considèrent que la réalité se compose de ces quatre niveaux.

Toutefois, aucun sage ou personne érudite n'est aussi descriptif que le Baal HaSoulam. Ses écrits, qu'il voulait être lus et compris de *tous*, détaillent systématiquement et minutieusement la structure de la réalité, telle que les Kabbalistes et les érudits juifs l'ont perçue à travers les âges. Dans son article « La Liberté », il explique la structure des désirs du minéral, du végétal, de l'animé et du parlant, dans la partie « Loi de Causalité ». Il explique que tous les éléments de la réalité sont reliés et procèdent les uns des autres. Voici ses mots : « Il est vrai qu'il y a une relation générale entre tous les éléments de la réalité devant nous, lesquels obéissent à la loi de la causalité, par voie de cause à conséquence. De même que le tout obéit à la loi de la causalité, par voie de cause à conséquence, chaque élément en lui-même n'y échappe pas — ce qui inclut chacune des créatures des quatre royaumes dans le monde : minéral, végétal, animé et parlant. »

« De plus, chaque forme particulière de comportement particulier qu'une créature épouse en ce monde est le fait d'anciennes causes, ce qui l'oblige à accepter ce changement de comportement et aucun autre. Ceci est évident pour tous ceux qui examinent les voies de la nature d'un point de vue purement scientifique et sans l'ombre d'un parti pris. En fait, nous devons analyser la chose afin de pouvoir l'examiner sous tous ses angles[53]. »

Les quatre niveaux en nous

Nos sages affirment, de plus, que les niveaux minéral, végétal, animé et parlant ne sont pas limités à la seule nature extérieure. Ils existent en chacun de nous et forment la base de nos désirs et même de la structure interne de chaque désir. Rabbi Nathan Neta Shapiro écrit : « Il y a quatre forces dans l'homme — minéral, végétal, animé et parlant — et Israël en possède même une autre, une cinquième part : le parlant Divin[54]. »

Le Baal HaSoulam donne une explication plus détaillée de la manière dont ces niveaux de désirs sont à l'œuvre en nous : « Nous distinguons quatre divisions de l'espèce parlante (humains), ordonnées en degrés l'un au-dessus de l'autre. Ce sont les Masses, les Forts, les Puissants et les Sages. Ils sont équivalents aux quatre degrés de la réalité entière, soit le minéral, le végétal, l'animé et le parlant. »

« Le minéral […] est à l'origine des trois propriétés, végétal, animé et parlant […] La plus petite force d'entre eux est le végétal. La flore opère en attirant vers elle ce qui lui est bénéfique et en rejetant ce qui lui nuit, comme le font semblablement les humains et les animaux. Cependant, elle n'a pas de sensation individuelle en elle, mais une force collective, commune à toutes les plantes dans le monde […] ».

« Au-dessus d'elles vient l'animé. Chaque créature se ressent elle-même, attire vers elle ce qui lui est bénéfique et rejette ce qui lui nuit… Cette force perceptive de l'animé est très limitée dans le temps et l'espace, vu que cette sensation n'agit même pas ne serait-ce qu'à une très courte distance hors de son corps. De plus, l'animé ne ressent rien au-delà de sa propre unité de temps, c'est-à-dire dans le passé ou le futur, mais uniquement dans le moment présent ».

« Au-dessus se trouve le parlant, qui est en même temps une force émotionnelle et intellectuelle. C'est pour cette raison que la force qui consiste à attirer ce qui est bon et à rejeter ce qui nuit est chez lui illimitée dans le temps et l'espace, comme cela l'est chez l'animé. Grâce à la science qui est une faculté intellectuelle, illimitée dans le temps et l'espace, on peut apprendre aux autres, où qu'ils soient dans l'ensemble de la réalité, dans le passé ou dans le futur, et à travers les générations[55] ».

Là où nous sommes libres de choisir

Comme nous venons de l'apprendre du Baal HaSoulam, la différence entre le niveau parlant de la réalité et les trois autres niveaux, dans leurs caractéristiques générales comme à l'intérieur de nous, c'est que nous sommes illimités dans le temps et l'espace pour ce qui est de choisir ce que nous attirons vers nous et ce que nous rejetons. En d'autres mots, la race humaine est la seule espèce, dans la Nature entière, qui ait la liberté de choisir. Alors que toutes les autres créatures obéissent aux lois de la Nature involontairement, nous avons le choix de les suivre ou non. Malheureusement, compte tenu des crises globales actuelles, lorsque nous choisissons d'agir contre les lois de la Nature sans connaître à fond les conséquences de nos actions, nous souffrons sévèrement des répercussions de nos erreurs.

Intérieurement, nous sommes constitués des mêmes quatre niveaux. Ainsi, la même règle s'applique à nous et seuls nos désirs et nos propriétés, qui appartiennent au niveau parlant, seront ceux dans lesquels nous aurons la liberté de choix.

Les désirs fondamentaux et naturels en nous — reproduction et survie de l'espèce, avoir un abri et de la nourriture — correspondent aux trois premiers degrés des désirs dans la Nature : minéral, végétal et animé. Le quatrième niveau, le « parlant », se manifeste en nous par des désirs de richesses au-delà de nos besoins, de puissance, de gloire, de respect et de connaissances.

La différence fondamentale entre les trois niveaux inférieurs et le plus élevé, c'est que les trois inférieurs existent dans chaque créature sur terre. Chaque créature cherche à assurer l'existence de son espèce et à mettre sa progéniture à l'abri. Par contre, le quatrième niveau de désirs, que nous définirons grossièrement par « désirs de richesse, de gloire et de connaissances », est uniquement humain.

Tout comme dans leurs caractéristiques générales, les trois niveaux inférieurs fonctionnent automatiquement, selon ce que la Nature leur dicte. La faculté de libre choix se trouve uniquement dans les désirs du niveau parlant. C'est pourquoi nous devons étudier le travail de notre nature intérieure avant d'essayer de satisfaire les désirs du niveau supérieur.

Pour pouvoir travailler correctement avec notre quatrième niveau de désirs, nous devons savoir ce qui influe sur ces désirs et le but de leur existence en nous. En fait, il s'agit d'un autre niveau de désir en nous qui « supplante » les quatre niveaux précédents et qui n'existe que chez les humains.

Un point dans le cœur

C'est le niveau que Rabbi Nathan Shapiro a nommé « le parlant Divin ». Il s'agit de ce désir qui nous pousse à explorer les raisons pour lesquelles ce monde arrive à tourner, comment il le fait, et pourquoi. C'est le désir que nous nommons « Israël », *Yashar El* (droit vers le Créateur). Chez Abraham, ce désir est apparu comme la soif de savoir : « Comment était-il possible que cette roue tourne sans cesse sans qu'il y ait un conducteur ? Qui la fait tourner ? Elle ne peut quand même pas tourner toute seule[56] ? »

Baal HaSoulam nomma ce désir de connaître le Créateur, « le point dans le cœur ». Dans son « Introduction au livre du Zohar », il explique que le cœur peut être considéré comme l'ensemble de tous nos désirs et « le point dans le cœur » est le désir en nous qui aspire au Créateur[57]. Mon maître, Rav Baruch Shalom Halevi Ashlag (le Rabash), fils aîné et successeur du Baal HaSoulam, expliquait que « le point dans le cœur » est le désir nommé « Israël ». Voici ses mots : « Il y a aussi Israël dans une personne… mais il est nommé "le point dans le cœur"[58]. »

À présent, nous pouvons voir pourquoi Abraham était tellement déterminé à partager ce qu'il avait trouvé. Il savait que les désirs humains évolueraient. Il savait que plus ils évolueraient, plus ils se tourneraient vers les richesses, la puissance, la domination et les connaissances. Il lui était clair que sans acquérir la connaissance de la nature des désirs humains, les gens ne seraient pas capables de s'organiser et de gérer leurs sociétés adéquatement.

Une fois que Nimrod réussit à contrecarrer les efforts d'Abraham pour répandre sa connaissance parmi les Babyloniens, cet homme sage quitta Babylone pour répandre son message à l'extérieur, accompagné de tous ceux qui le suivirent. En fait, l'héritage d'Abraham, pour nous, c'est que ceux qui comprennent ce qu'il a enseigné doivent partager cette connaissance avec quiconque est prêt à écouter. Voici les mots du *Livre du Zohar*, « Abraham creusa ce puits (Beer

Sheva). Il le fonda parce qu'il avait enseigné à tout le monde à servir le Créateur. Depuis qu'il l'a creusé, de l'eau vive en jaillit qui ne tarit jamais[59] ».

Le peuple d'Israël d'aujourd'hui se compose des descendants des disciples d'Abraham, des gens avec des points dans le cœur, le point d'Israël en eux. Bien que ce point soit maintenant enseveli sous des siècles d'oubli, il existe et attend d'être ravivé. Voici les mots du Shelah HaKadosh, « Israël est nommé "l'Assemblée d'Israël", car bien qu'ici-bas ils soient séparés les uns des autres, malgré tout, là-haut, à la racine de leurs âmes, ils sont une unité et ils sont réunis, car ils font partie du Seigneur. Les branches (le peuple d'Israël) qui désirent retourner à leurs racines doivent suivre l'exemple de leurs racines, ce qui veut dire s'unir ici-bas aussi. Quand ils sont séparés, ils causent apparemment la séparation et la rupture là-haut ; voyez jusqu'où l'affaire s'étend. C'est pourquoi la maison entière d'Israël doit poursuivre la paix et ne faire qu'un, en paix et en totalité, sans une faute, pour ressembler à leur Créateur (être en équivalence de forme avec Lui), car tel est le nom du Seigneur, "Paix"[60] ».

Une fois qu'Israël s'unira, et donc se corrigera, il pourra remplir sa vocation et être « La Lumière des nations » (Esaïe 42,6). Voici les mots de Rabbi Naphtali Tzvi Yéhouda Berlin (le NATZIV de Valojyn), « La principale raison pour laquelle la plupart d'entre nous vivent en exil, c'est que le Seigneur a révélé à Abraham, notre père, que ses fils sont destinés à être une lumière sur toutes les nations, ce qui est impossible à moins d'être dispersés en exil. Ainsi fut Jacob, notre père, quand il arriva en Égypte, où se trouvait la majorité des peuples. C'est en cela que Son nom fut glorifié, lorsqu'ils virent Sa Providence sur Jacob et ses descendants[61] ».

Par rapport à l'évolution des désirs, la race humaine

constitue le quatrième et le plus élevé niveau de désir, le seul qui permette un libre choix. Mais pour choisir correctement, les gens doivent savoir comment tout fonctionne à la racine. Le peuple d'Israël représente le désir de connaître la racine. Il s'agit donc de leur responsabilité de l'étudier et de transmettre leurs discernements et leurs perceptions au reste de l'humanité. Ainsi, tous sauront faire leurs choix de sorte qu'ils soient à leur avantage.

Pour obtenir cette connaissance, Abraham a élaboré une méthode d'enseignement que les sages, à travers les âges, ont entretenue et développée. Le prochain chapitre décrira l'évolution de cette méthode, qui, depuis l'écriture du *Livre du Zohar*, est nommée « Kabbale ».

Chapitre 3

Les corrections à travers les âges

(L'évolution de la méthode de correction)

Dans le chapitre précédent, nous avons présenté le fait que les désirs croissent du minéral, au végétal, à l'animé et au parlant. Nous avons expliqué que cette progression se produit aussi bien extérieurement, dans la nature en général, qu'en nous, intérieurement, et que ce n'est qu'au niveau parlant — en nous — que nous avons un libre arbitre. Cependant, pour faire des choix bénéfiques, nous devons d'abord étudier la manière dont la nature opère à sa racine.

De plus, nous avons vu qu'Israël représente le désir de connaître la racine, le Créateur, le Concepteur de tout ce qui existe, et qu'Abraham fut le premier à découvrir cette racine. Il essaya de l'enseigner à ses contemporains, et de nos jours, nous les Juifs, les descendants de ce désir, nous devons continuer la vocation d'Abraham et achever sa mission.

Abraham découvrit que le seul problème de son peuple était la croissance généralisée de l'ego. Les Babyloniens devenaient trop égocentriques pour maintenir une société durable. Bien qu'ils n'étaient que « d'un seul langage et d'une seule parole », à cause de leur ego, ils devinrent distants et peu communicatifs. Ils devinrent tellement indifférents les uns aux autres, tellement inattentifs, préoccupés et satisfaits d'eux-mêmes, que, comme mentionné au chapitre précédent, « Si une personne tombait et mourait (en construisant la tour de Babel), personne n'y faisait attention. Mais si une brique tombait, ils s'asseyaient, pleuraient et disaient : "Quand est-ce qu'une autre arrivera à sa place ?" »

Mais encore pire, Abraham découvrit que cet ego grandissant n'allait pas cesser de croître. C'était un trait inhérent à la nature humaine, une caractéristique distincte du niveau parlant — que l'ego devait constamment croître, car il était alimenté par la convoitise. Dans son Introduction au Livre *Panim Meirot ouMasbirot* (Visage lumineux et accueillant), le Baal Hasoulam écrit : « Le Créateur a attribué trois penchants aux masses (gens), nommés "jalousie", "convoitise" et "honneur". Grâce à eux, les masses se sont graduellement développées pour faire sortir le visage de l'homme dans toute sa complétude[63]. » En d'autres mots, la jalousie n'est pas mauvaise en soi. Pourtant, il faut y faire face, la corriger et l'orienter dans une direction constructive.

Le (pas si) mauvais penchant

Lorsque nos sages écrivent au sujet du *Yetser HaRa* (le mauvais penchant), ils réfèrent à la manière dont nous utilisons la jalousie pour blesser les autres et gagner à leurs dépens. Cependant, si nous utilisons cette même jalousie, cette convoitise et cet honneur correctement, ils deviennent les moyens mêmes dont nous disposons pour nous corriger. C'est pourquoi le Shelah HaKadosh a écrit : « Les pires caractéristiques sont la jalousie, la haine, l'avarice, la convoitise, etc., lesquelles appartiennent au mauvais penchant, celles-là mêmes avec lesquelles nous servirons le Créateur[64]. »

Pourtant, de par notre nature, nous utilisons ces penchants négativement, comme il est écrit (Genèse 8,21) : « Le penchant du cœur de l'homme est mauvais dès sa jeunesse. » « Il n'y a de mal que le mauvais penchant », écrivait pour sa part Shimon Ashkenazi[65]. De même, des siècles auparavant, le *Midrash Rabbah* nous apprenait que « Les gens sont imprégnés du mauvais penchant, comme il est dit : "Le penchant du cœur de l'homme est mauvais dès sa jeunesse[66]." »

Abraham découvrit que de toutes les créations, seuls les hommes possédaient un mauvais penchant. C'est pourquoi le grand Ramkhal écrivit : « Il n'y a d'autre création qui puisse faire du mal comme l'homme. Il peut pécher, se révolter ; et le penchant du cœur de l'homme est mauvais dès sa jeunesse, ce qui n'est pas le cas chez les autres créatures[67]. »

Baal Hasoulam écrit que le mauvais penchant est le désir de recevoir[68]. Pourtant, nous avons dit dans les chapitres précédents que le désir de recevoir fait partie de toute la Création et que l'homme représente le quatrième niveau, le niveau le plus développé du désir de recevoir. Pourquoi, alors, notre désir de recevoir est-il la source de tout le mal ?

Le problème est que le désir de recevoir du niveau humain, ou parlant, n'est pas statique. Il grandit constamment et recherche toujours plus sans arrêt. Nos sages disent : « Personne ne meurt qui a réalisé ne serait-ce que la moitié de ses désirs, car celui qui possède cent en veut deux cents ; celui qui a deux cents en veut quatre cents[69]. » Du fait que nous recherchons toujours plus, nous sommes toujours dans un état de manque. De même le Shelah HaKadosh dit : « Une personne, qui n'est pas contente, se trouve toujours dans le manque[70] » et c'est pour cette raison qu'elle est constamment malheureuse et insatisfaite. En observant notre société de consommation, nous pouvons remarquer que si nous succombons à cet élément de notre nature, nous serons entraînés dans une « chasse au plaisir » infinie, qui ne pourra ni s'arrêter ni nous rendre heureux.

Abraham réalisa donc que le mauvais penchant, la haine et l'aversion qui apparurent parmi les Babyloniens causaient tous les problèmes entre eux. Il n'y avait aucun espoir que ce ferment se réduise de lui-même. Cependant, il réalisa aussi que cet intense désir de recevoir était nécessaire pour accomplir le but de la Création, pour que l'homme atteigne la *Dvékout* (adhésion, équivalence de forme) avec le Créateur. Voici les mots de Ramkhal, qui complètent la citation plus haut : « Mais d'un autre côté, quand il (l'homme) est corrigé et complété, il s'élève au-dessus de tout et il mérite d'adhérer à Lui (de Lui être dévoué) et toutes les autres créations dépendent de lui[71]. »

C'est pourquoi, au lieu d'essayer d'annuler ce mauvais penchant, Abraham développa une méthode par laquelle les gens pourraient corriger ou « apprivoiser » leurs penchants, leur ego, et donc bénéficier de sa croissance. Une fois qu'il conçut la méthode, il commença à la partager avec chacun, sans exception, comme Maïmonide en témoigne : « Il commença à en appeler au monde entier[72]. »

Comme mentionné en introduction, Maïmonide a écrit qu'Abraham « implanta ce précepte (qu'il y a un seul Dieu, une seule force dans le monde) dans leurs cœurs, composa des livres à ce sujet, et l'enseigna à son fils, Isaac ».

Toutefois, la méthode d'Abraham ne convenait qu'à ses contemporains. Elle ne pouvait convenir — ni n'était destinée — aux générations suivantes. Du fait que le mauvais penchant du niveau parlant — le désir de recevoir pour soi, connu aussi comme l'égoïsme — croît sans cesse et se développe, une nouvelle méthode de correction fut requise lorsque le peuple d'Israël devint une nation et sortit d'Égypte.

Les trois millions de personnes, environ, qui sortirent d'Égypte étaient très différentes des soixante-dix âmes qui y étaient entrées deux siècles plus tôt. Le désir de recevoir y augmenta considérablement et il nécessita un système d'enseignement très précis pour le corriger.

Moïse dit : « Unissez-vous ! »

La solution arriva sous la forme de la Torah de Moïse, mais aussi avec une condition préalable pour exécuter toute correction. Pour recevoir la Torah, écrit le grand commentateur RASHI, le peuple d'Israël se tint au pied du mont Sinaï « comme un seul homme vivant au rythme d'un seul cœur[73]. » Cette unité totale et complète évolua plus tard en l'une des caractéristiques d'Israël les plus prédominantes, la garantie mutuelle, ce noble trait qui distingue Israël de toutes les nations de l'époque.

En acceptant de devenir un seul homme vivant au rythme d'un seul cœur, Israël reçut la Torah, le code des lois qui l'aiderait à maîtriser l'ego. Avec ce livre en main, Israël devint une société, dont chaque membre — homme, femme et enfant — atteignit le Créateur et vécut selon la loi de la garantie mutuelle, en équivalence de forme avec le Dieu (ou force) unique qu'Abraham avait découvert. Le Talmud de Babylone écrit : « Ils vérifièrent de Dan à Beer Sheva et ils ne trouvèrent aucun ignorant (personne non corrigée) de Gevat à Antipris, et il n'y avait ni garçon ni fille, ni homme ni femme, qui n'étaient parfaitement versés dans les lois de pureté (corrections selon la loi de Moïse) [74]. »

Grâce à son unité nouvellement acquise, Israël conquit Canaan — du mot *Knya* (soumission)[75] — et en fit la « terre d'Israël » : un endroit où le désir du Créateur règne. Le temple qu'Israël édifia dans le pays symbolisait son haut niveau de réalisation, là où son peuple continuait de développer et d'appliquer la méthode de Moïse.

Pourtant, comme nos sages l'écrivent : « Le mauvais penchant est inné chez l'homme et croît avec lui durant toute sa vie[76] », et « Le penchant du cœur de l'homme est mauvais dès sa jeunesse, et croîtra toujours dans toutes les convoitises[77]. » Cependant, la méthode de correction de Moïse, les lois que nous appelons « la Torah », demeura intacte tout au long de la période qui couvre le Premier et Second Temple, et même l'exil de Babylone.

Toutefois, le déclin spirituel d'Israël continua. Il devint de plus en plus difficile pour le peuple de préserver son unité et son lien avec le Créateur. Ainsi, le Second Temple relevait d'un degré spirituel (niveau de connexion ou d'équivalence de forme avec le Créateur) inférieur au Premier. Le Kabbaliste Rabbi Behayei Ben Asher Even Halua explique : « Depuis le jour où la Divinité fut présente en Israël, quand Elle donna la Torah, Elle ne bougea pas d'Israël jusqu'à la ruine du Premier Temple. Depuis la ruine du Premier Temple [...], elle ne fut plus présente en permanence, comme Elle l'était au temps du Premier Temple[78]. »

Finalement, le niveau d'égoïsme augmenta à un tel point chez Israël que les individus se détachèrent complètement les uns des autres, ainsi que du Créateur. En fait, ce fut le détachement des uns vis-à-vis des autres qui causa leur détachement vis-à-vis du Créateur, de la perception de la force fondamentale de la vie. Ceci, à son tour, causa la ruine du Second Temple, puis le dernier et le plus long exil.

Dans son livre, *Netsakh Israël* (La victoire d'Israël), Rabbi Israël Segal décrit la chute d'Israël depuis son état de grâce : « À l'époque du Second Temple, Israël possédait une vertu spéciale ; ses habitants n'étaient pas divisés en deux : il n'y avait que l'unité entre eux. C'est ainsi que le Premier Temple fut détruit par les transgressions , qui sont *Touma'a* (impureté), et le Seigneur ne demeura pas parmi eux au milieu de leur *Touam'a*. Cependant, le Second Temple fut détruit par la haine gratuite, qui annule leur unité, qui était leur vertu durant le Second Temple[79]. »

De même, le poète et grand érudit, Rabbi Abraham Ben Meir Ibn Ezra, écrivit : « "Et vous foulerez leurs hautes places", "Et Je vous ferai chevaucher sur les hautes places de la terre", et la raison en est la haine gratuite présente au Second Temple, jusqu'à générer l'exil d'Israël[80]. »

La Grande Chute et les semences de la délivrance

L'exil, après la ruine du Second Temple, découla de la haine gratuite, mais il servit aussi un double objectif. Le premier était un appel à développer davantage la méthode de correction. Il était temps d'adapter la méthode aux conditions actuelles du peuple, puisque la Torah de Moïse ne suffisait plus à maintenir le niveau spirituel de la nation, celle-ci étant en exil et faisant preuve de plus d'égoïsme qu'au temps de Moïse. Le second objectif était qu'Israël se mêle aux autres nations, qu'il répande le « gène spirituel » à travers le monde, et donc permette la correction de l'humanité entière, comme Abraham en avait l'intention au départ.

Aux environs de la ruine du Second Temple, deux œuvres fondatrices furent composées. L'une fut la *Mishna* et l'autre le *Livre du Zohar*. La première, avec la Bible, devint la base de pratiquement toute la sagesse juive à partir de cette période. Le second, d'autre part, fut caché dès qu'il fut écrit et demeura dissimulé pendant plus de mille ans, jusqu'à ce qu'il tombe entre les mains de Rabbi Moïse de Leon.

Les auteurs de la Mishna, de la Guemara et des autres écritures de nos sages procurèrent au peuple d'Israël en exil une direction aussi bien au niveau spirituel que physique. Bien que les écrits décrivent des états spirituels, ils peuvent aussi bien être perçus comme des commandements physiques.

L'origine des lois enseignées par nos sages étant spirituelle, elles étaient applicables dans la vie physique, tout comme Israël les avait appliquées avant la ruine du Temple. De cette manière, les Juifs maintinrent un certain niveau de connexion avec le niveau spirituel du passé, quoique sans atteindre réellement la source et l'origine des lois.

Rabbi Menahem Nahum de Tchernobyl écrivit au sujet du détachement d'Israël du niveau spirituel, ainsi que de la perte de contact avec le Créateur : « La raison de l'exil est la ruine du Temple en général et en particulier. Israël devint si corrompu qu'il causa l'éloignement de la *Shekhina* (Divinité) du Temple en général. Le Temple particulier est dans les cœurs [...] et à travers le départ du Temple particulier (Divinité). [Ils] quittèrent le Temple général, et l'exil arriva[81]. »

Dans le même esprit, Jonathan Ben Nathan Neta Eibeschitz écrivit : « Au Premier Temple, la Divinité ne le quitta pas, car l'exil fut pour une courte période. Cependant à la ruine du Second Temple, ce fut pour une longue période de temps et la *Shekhina* (Divinité) partit complètement[82]. »

Bien que la majorité des Juifs s'employèrent à maintenir le lien avec la spiritualité au niveau enseigné par les sages de la Mishna et de la Guemara, il y eut toujours ces quelques êtres exceptionnels qui ne pouvaient se satisfaire d'une obéissance aveugle aux commandements. Les questions qui menèrent Abraham à découvrir le Créateur brûlaient en eux ; leurs points dans le cœur n'avaient pas été assouvis et ils furent conduits à la plus profonde des études, la sagesse de la Kabbale.

Une ère nouvelle, une approche nouvelle

Les Kabbalistes gardèrent leurs études secrètes. Dans des lieux cachés, ils développèrent une méthode de correction qui conviendrait à tout un chacun, lorsque celle-ci deviendrait nécessaire. En petits groupes, parfois seuls, ils étudiaient et révélaient le Créateur, mais ils gardaient pour eux ce qu'ils avaient réalisé et écrivaient principalement pour eux-mêmes.

Toutefois, un jour au XVIe siècle, un jeune homme du nom d'Isaac Louria arriva à la ville (kabbaliste) de Safed dans le nord d'Israël. Son arrivée marqua le début d'une ère nouvelle dans l'évolution de la méthode de correction. Par l'intermédiaire de son principal disciple, Haim Vital, Isaac Louria — connu de nos jours sous le nom du ARI HaKadosh (Saint) — décrivit en détail une toute nouvelle approche pour appréhender la sagesse de la Kabbale. Ses explications apparemment techniques de la structure du système spirituel, ses descriptions méthodiques et précises, devinrent la méthode d'étude prédominante chez les Kabbalistes.

Le disciple du ARI, Rabbi Haim Vital, écrivit assidûment ce que son maître avait dicté. Après le décès de Rabbi Vital, son fils commença à publier ces écrits, dont les plus remarquables sont *L'Arbre de Vie* et *Les Huit Portes*. Avec le temps, ces œuvres devinrent la base de la méthode prédominante de l'enseignement de la Kabbale, la Kabbale lourianique, nommée d'après Isaac Louria, le ARI.

Permission de pratiquer

Au moment même où la Kabbale lourianique se fit de plus en plus prédominante, une sortie de la clandestinité commença, puisque de plus en plus de Kabbalistes sentaient que le moment était venu de dévoiler la méthode par laquelle le monde pourrait accomplir sa correction finale.

Dans son livre, *Lumière du soleil*, le Kabbaliste Rabbi Abraham Azoulai écrivit : « L'interdiction de l'En Haut à l'effet de ne pas étudier ouvertement la sagesse de la vérité (Kabbale) dura pendant une période limitée, jusqu'à la fin de 1490. Par la suite, il est dit qu'advient la dernière génération ; l'interdiction fut levée et il fut permis de pénétrer *Le Livre du Zohar*. À partir de l'année 1540, ce fut une grande *Mitsva* (commandement, bonne action, correction) pour les masses d'étudier, pour les vieux comme pour les jeunes. Et puisque le Messie est tenu de venir en conséquence, et pour aucune autre raison, il ne convient pas d'être négligent[83]. »

Bien que l'ARI n'ait permis à personne d'autre qu'à Haim Vital d'étudier ses enseignements, ce dernier écrivit abondamment au sujet de l'importance d'étudier la Kabbale. « Malheur aux gens qui offensent la Torah. Ils ne pratiquent pas la sagesse de la Kabbale, qui honore la Torah, car ils prolongent l'exil et toutes les souffrances qui sont sur le point d'arriver en ce monde, » écrivit-il dans son introduction à *L'Arbre de Vie*[84].

Durant les siècles qui suivirent, nombreux furent les rabbins, les Kabbalistes et les érudits qui affirmèrent que l'étude de la Kabbale était vitale pour notre délivrance et même pour la survie de notre nation. Au milieu du XVIIIe siècle, le Gaon (Génie) de Vilna (haGRA), écrivit clairement : « La délivrance dépend de l'étude de la Kabbale[85]. »

Au début du XIXe siècle, les Kabbalistes commencèrent à déclarer que même les enfants devraient étudier la Kabbale, retirant clairement l'interdiction d'étudier avant l'âge de quarante ans. Le Rabbi de Komarno écrivit : « Si les gens de mon peuple m'écoutaient dans cette génération, où l'hérésie prédomine, ils plongeraient dans l'étude du *Livre du Zohar* et dans les Tikkounim (corrections), en y réfléchissant avec les enfants de neuf ans[86]. »

Au début des années 1900, le Rav Isaac HaCohen Kook, qui deviendra plus tard le premier Grand Rabbin d'Israël, appela ouvertement à l'étude de la Kabbale ainsi qu'au retour des Juifs en terre d'Israël. Dans *Orot* (Lumières), il écrivit : « Les secrets de la Torah amènent la délivrance ; ils ramènent Israël à sa terre[87]. »

À maintes reprises, le Rav Kook écrivit d'une manière plutôt évidente que chaque Juif doit étudier la Kabbale, bien qu'il ait rarement utilisé le terme explicitement, mais qu'il y ait référé selon des formules bien connues, « la sagesse de la vérité », « la sagesse de l'occulte », « l'intériorité de la Torah », ou « les secrets de la Torah ». Voici ses mots : « Nous avons devant nous l'obligation de développer et d'établir l'engagement du côté interne de la Torah, du côté des questions spirituelles, ce qui, dans un sens plus large, inclut la sagesse étendue d'Israël, dont le sommet est la véritable connaissance de Dieu, selon la profondeur des secrets de la Torah. En ces jours, cela réclame un éclaircissement, un examen minutieux et une explication qui la rendent encore plus claire et encore plus expansive dans notre nation entière[88]. »

À présent, tous ensemble

La dernière étape de l'évolution de la méthode de correction commença au début des années 1900, et ne prit de l'essor qu'à partir de maintenant. Du fait que nous faisons partie de cette phase, c'est celle qui a le plus d'importance pour nous.

Comme présenté en introduction, Abraham commença à répandre son savoir dès qu'il découvrit pour la première fois cette force unique qui gouverne et mène le monde. Son but était de propager cette connaissance à tous les peuples, sans aucune exception. Néanmoins, Nimrod, roi de Babylone, l'empêcha d'arriver à ses fins. Abraham dut partir et arriva en terre de Canaan, qu'il transforma en Israël (d'après le désir d'atteindre *Yashar El*, droit vers le Créateur).

Ce but ne changea pas à travers les siècles. « Noé fut créé pour corriger le monde dans l'état où il était à cette époque-là [...] et ils (ses contemporains) devaient aussi recevoir de lui la correction », écrit Ramkhal[89]. Il écrit aussi dans son commentaire de la Torah : « Moïse désirait accomplir la correction du monde à cette époque-là. C'est pourquoi il prit avec lui la multitude, , car il pensait qu'ainsi se ferait la correction du monde, celle appelée la correction finale [...] Toutefois, il n'y parvint pas à cause des corruptions qui surgirent en chemin[90]. »

Après la ruine du Second Temple, les Kabbalistes choisirent de dissimuler la sagesse aux yeux de tous, Juifs et non-Juifs, jusqu'au temps du ARI, quand ils commencèrent à ressentir que les temps étaient venus de la dévoiler à tous. À ce moment-là, ils commencèrent à enseigner et à propager la sagesse, d'une manière qui devint plus directe et plus évidente à chaque génération.

Au début du XXe siècle, toutes les interdictions tombèrent et les Kabbalistes appelèrent ouvertement à répandre la sagesse et à l'enseigner dans toutes les nations. Rav Kook a exprimé cet état d'esprit très clairement dans une de ses lettres : « J'ai accepté de dévoiler tous les secrets du monde, puisqu'il est temps de le faire pour le Créateur, comme l'exige la présente période. De plus grands et de meilleurs que moi ont souffert de calomnies à l'échelle nationale pour de pareilles raisons, alors que leurs esprits purs les pressaient, dans le souci de corriger la génération, de prononcer de nouvelles paroles et de révéler ce qui est dissimulé à des masses dont l'intellect y était étranger[91]. »

Pendant la Première Guerre mondiale, Rav Kook se sentit obligé de souligner le lien qu'il voyait entre les problèmes du monde et l'éveil de la force spirituelle d'Israël grâce à l'unité. Dans son livre *Orot* (Lumières), il écrivit : « La construction du monde, qui est actuellement ébranlé par les terribles tempêtes d'une épée ensanglantée, exige la construction de la nation d'Israël. La construction de la nation et la révélation de son esprit ne font qu'un et sont identiques. Cette construction ne fait qu'un avec la construction du monde, ébranlé dans l'attente d'une force pleine d'unité et de grandeur. Tout cela se trouve dans l'âme de l'Assemblée d'Israël[92]. »

Son contemporain, le Baal HaSoulam, écrivit abondamment, souvent d'une manière manifeste, sur le besoin de dévoiler la sagesse de la Kabbale à tous, spécialement de nos jours. Dans son article « Le *Shofar* du Messie », il écrit : « Sachez que c'est là la signification de ce qui est écrit, que les enfants d'Israël seront délivrés uniquement lorsque la sagesse de l'occulte sera révélée dans une large mesure, comme le mentionne *Le Zohar* : "Par ce travail, les enfants d'Israël sont délivrés de l'exil." »

« À mon avis, nous sommes une génération qui se tient véritablement au seuil de la délivrance, si seulement nous savions comment propager la sagesse de la Kabbale aux masses. »

« Il y a une autre raison pour cela : nous avons accepté la condition préalable à la délivrance — que toutes les nations du monde reconnaissent la loi d'Israël (du don), comme il est écrit : "Et la terre sera pleine de connaissances." C'est comme dans l'exemple de la sortie d'Égypte, où il y avait une condition préalable voulant que le Pharaon, aussi, reconnaisse le véritable Dieu et Ses Lois et leur permette de partir ».

« Vous devez comprendre comment les nations du monde arriveront à une telle notion et à un tel désir. Sachez que c'est en propageant la sagesse véritable, de sorte qu'elles voient clairement le véritable Dieu et la vraie loi (du don). La diffusion de la sagesse parmi les masses est appelée *Shofar* (clairon, corne de bélier). Comme le *Shofar*, dont le son traverse une grande distance, l'écho de la sagesse se répandra à travers le monde[93] ».

En effet, la volonté contenue dans l'héritage de ces titans spirituels a été accomplie. De nos jours, quiconque désirant étudier « la sagesse de l'occulte » peut le faire, indépendamment de sa religion, de son âge ou de son sexe, car elle n'est plus dissimulée. Comme Abraham se l'imaginait, notre Babylone planétaire peut à présent étudier la loi fondamentale de la vie qui la crée et la perpétue, sans restriction aucune.

Cependant, si tout va bien, pourquoi y a-t-il tant de mal dans le monde ? Pourquoi tant de personnes souffrent-elles encore, et pourquoi le nombre de personnes en détresse semble-t-il augmenter ? Si la loi fondamentale de la vie peut être connue de tous, comment se fait-il que si peu la connaissent, surtout que nous sommes actuellement en peine de savoir comment gérer les nombreuses crises qui nous assaillent ? Si cette loi est le Créateur, elle peut donc tout réparer, alors pourquoi ne nous pressons-nous pas de l'étudier ?

Pour répondre à ces questions, nous devons comprendre les voies par lesquelles la sagesse se propage, et plus spécialement le rôle du peuple juif dans la diffusion de la Kabbale, ainsi que ce que signifie d'être une lumière pour les nations. Par conséquent, le prochain chapitre discutera du rôle du peuple juif à travers le prisme de la Kabbale.

Chapitre 4

Une nation en mission

(Le rôle du peuple Juif)

« Abraham fut récompensé par la bénédiction d'être comme les étoiles du ciel, Isaac, par la bénédiction du sable, et Jacob, comme la poussière de la terre, car les enfants d'Israël furent créés pour corriger la Création toute entière ».

Yéhouda Leib Arie Altar (ADMOR de GOUR), Sefat Emet (le Langage de vérité), Bamidbar (Nombres).

À la fin du chapitre précédent, nous nous sommes demandés : « Si tout va bien, pourquoi y a-t-il tant de mal dans le monde ? » et « Si la loi fondamentale de la vie peut être connue de tous, comment se fait-il que si peu la connaissent, particulièrement à présent que nous sommes en peine de savoir comment gérer les nombreuses crises qui engloutissent la société humaine ? » Nous avons expliqué que pour répondre à ces questions, nous devons comprendre comment la connaissance de la loi se propage et comment les Juifs sont reliés à sa diffusion.

Tout en errant à travers ce qui est maintenant le Proche et le Moyen Orient, en chemin vers Canaan, Abraham rassembla sous sa tente, selon son précepte, tous ceux qui étaient capables de comprendre ses notions et de s'engager dans la transformation de leur égoïsme dans le sens du don. Ces personnes devinrent plus tard la nation d'Israël, nommée ainsi d'après le désir d'atteindre directement le Créateur.

Cependant, les quatre niveaux de la vie — minéral, végétal, animé et parlant — sont une constante. Ils doivent être pleinement actualisés, et tous ceux qui appartiennent physiquement au niveau parlant doivent en définitive l'atteindre aussi spirituellement. Le fait que la plupart des Babyloniens du temps d'Abraham n'étaient pas prêts à s'engager vers leur transformation ne change rien au but final, celui pour lequel la race humaine existe. Cependant, ceux qui étaient prêts et disposés à s'engager devinrent les « gardiens » de la connaissance, et la garde et l'évolution de cette dernière leur furent confiées pour la postérité.

Dans son article « *HaArvout* » (La garantie mutuelle), le Baal HaSoulam écrit : « Le Créateur dit "Vous serez Ma *Segoula* (remède/vertu) parmi tous les peuples." Cela veut dire que vous serez Mon remède et que des étincelles de purification pour le corps seront, à travers vous, transmises à tous les peuples et les nations du monde. Les nations du monde n'y sont pas encore prêtes et J'ai besoin d'au moins une nation avec laquelle commencer maintenant, et elle sera donc comme un remède pour toutes les nations[94]. »

Cette citation et celle de Rabbi Altar en début de chapitre, « Les enfants d'Israël furent créés pour corriger la Création entière », combinées aux citations qui viendront plus tard dans ce chapitre, laissent peu de doute quant au rôle des Juifs dans le monde, selon la vision même des guides spirituels juifs à travers les âges.

Lorsque Moïse guida le peuple d'Israël hors d'Égypte, sa

principale intention était d'abord de leur transmettre la loi qu'il avait lui-même étudiée, la loi qu'Abraham avait étudiée avant lui. Son but était d'achever, ou du moins de faire avancer, la mission qu'Abraham avait entreprise des générations plus tôt. Rav Moshe Haim Luzzatto, le grand Ramkhal, écrivit à ce sujet : « Moïse désirait accomplir la correction du monde à cette époque-là. C'est pourquoi il prit avec lui la multitude (peuple égocentrique, sans désirs corrigés), car il pensait qu'ainsi se ferait la correction du monde, celle appelée la correction finale [...] Toutefois, il n'y parvint pas à cause des corruptions qui surgirent en chemin[95]. » Malgré les difficultés, Rabbi Isaac Wildman écrit : « Telle était la prière et la bénédiction de Moïse à la génération du désert, qu'ils commencent la correction du monde[96]. »

Cependant, le monde n'avait aucun désir de correction. Les nations n'étaient pas prêtes à délaisser l'amour propre pour adopter l'altruisme — le don — comme qualité première. Ainsi, entre-temps, la nation Israélite continua à parfaire sa propre correction en attendant que le reste des nations y soient prêtes et disposées. Voici les mots de Ramkhal : « Vous devez savoir [...] que la Création dans son ensemble ne sera pas parfaite tant que la totalité de la nation élue ne sera pas ordonnée correctement, parfaite dans toutes ses distinctions, avec la *Shekhina* (Divinité) attachée à elle. En conséquence, le monde atteindra un état de plénitude [...] Nous devons arriver à un état où la nation sera totalement parfaite selon toutes les conditions requises et où la Création entière recevra la plénitude. C'est alors que le monde sera établi en permanence dans l'état corrigé[97]. »

Il s'ensuit que la nation Israélite sert de voie par laquelle la correction, à savoir la qualité du don, devrait atteindre ses destinataires : les nations du monde. Dans son style aussi flamboyant qu'éloquent, le Rav Kook précise comment il voit le rôle des Juifs par rapport au reste des nations : « Du fait que la vocation d'Israël, la nation du Seigneur, est actuelle, totale, évidente, durable et active dans le monde, elle est un témoignage valide pour le monde et toute la postérité afin d'accomplir la forme de la race humaine, d'en garder les caractéristiques, et de l'élever à travers les échelons de la sainteté qui lui sont appropriés [...] que le Seigneur a déterminés. Puisque notre vocation existe toujours et accompagne la vocation de la Nature entière — dont la loi est de compléter toutes les créations et de les mener au sommet de la perfection — nous devons la préserver avec dévouement, pour notre vie à tous, qui y est conservée, et pour l'humanité entière et son développement moral, dont le destin dépend du destin de notre existence[98]. »

Comme mentionné dans l'introduction de ce livre, le Rav Kook va plus loin et dit : « Le véritable mouvement de l'âme israélienne, à l'apogée de sa grandeur, est exprimé uniquement par la force sainte et éternelle qui coule dans son esprit. C'est cela qui l'a formée, la forme, et la formera encore en nation qui se pose en phare pour les nations[99]. »

Dans son livre, *Ein Ayah* (Œil de faucon), le Rav Kook ajoute : « Il y a en Israël une sainteté cachée, qui élève la valeur de la vie même à travers la Divinité qui est présente en Israël. L'âme nationale de l'Assemblée d'Israël aspire au sublime, à agir dans la vie selon la valeur divine la plus exaltée, selon cette même valeur qui rendra une personne incapable de demander "Quel est le but d'une telle vie ?" après qu'elle eut vu la gloire et la sublimité de son amabilité et de sa splendeur. La maison d'Israël parviendra avec une absolue complétude à la plénitude, et de là, elle rayonnera sur la terre et le monde entier, "parce qu'alliance du peuple, parce que lumière des nations[100]." »

De même, Rabbi Naphtali Tzvi Yéhouda Berlin (connu sous le nom de « NATZIV de Valojyn ») écrivit : « Le prophète Esaïe dit : “Je vous prendrai par la main et vous protégerai ; Je vous donnerai comme alliance pour le peuple, une lumière pour les nations”, ce qui veut dire, pour corriger l’alliance, qui est la foi, pour chaque nation. Ils rejetteront la croyance dans les idoles et croiront en un seul Dieu. En effet, l’alliance avec Abraham notre Père fut signée à ce sujet[101]. »

Rencontrez-vous, connectez-vous

Mais comment la correction se déploiera-t-elle vers les nations ? Si la nation d’Israël se corrige, comment cela affectera-t-il les autres nations ?

Lorsqu’Abraham découvrit le Créateur pour la première fois, il décrivit cela à quiconque était prêt à l’écouter. Ainsi, ceux qui se joignirent à lui devinrent les premiers hommes corrigés. Ces gens allèrent ensuite en Égypte et, finalement, il en sortit un nombre beaucoup plus grand, une nation entière. Cette nation reçut la Loi de la Correction, à savoir la Torah, et elle se corrigea. Au Premier Temple, la nation juive atteint son plus haut niveau de liaison avec le Créateur, tel que démontré au chapitre précédent. À partir de là, la nation commença à décliner jusqu’à ce que le peuple fût exilé à Babylone. Quand vint le temps de retourner à la terre d’Israël, la plupart des Juifs *choisirent* de rester dans la diaspora et de s’assimiler.

En fait, c’est ainsi que la transmission du message débuta. Lorsque des personnes qui étaient autrefois corrigées — qui avaient transcendé leur propre intérêt et avaient découvert le Créateur — se mêlèrent à celles qui n’avaient jamais eu de telles pensées, ces idées nobles commencèrent à se répandre dans la société hôte et à inculquer des pensées plus humaines dans l'esprit des gens. Bien qu'elles ne fussent pas des pensées corrigées, dérivant d'esprits qui avaient transcendé l'égoïsme, les notions d'universalisme et d'humanisme commencèrent à s'implanter tout de même dans l'esprit des gens.

Ainsi, durant la Renaissance, plusieurs érudits renommés affirmèrent que les Grecs avaient adopté au moins une partie de leurs concepts des Juifs, notamment de la Kabbale. Johannes Reuchlin (1455-1522), par exemple, conseiller politique du chancelier, écrivit dans *De Arte Cabbalistica* (De l'Art de la Kabbale) : « Néanmoins, sa prédominance (celle de Pythagore) ne découlait pas des Grecs, mais à nouveau des Juifs… Il a été lui-même le premier à changer le nom Kabbale, inconnu des Grecs, pour le nom grec philosophie[102]. »

En 1918, le pasteur français Charles Wagner fut cité après avoir écrit : « Aucun des noms brillants de l'histoire — Égypte, Athènes, Rome — ne peuvent tenir la comparaison face à l'éternelle splendeur de Jérusalem. Israël a donné à l'humanité le concept de sainteté. Israël seul a connu la soif de la justice sociale, de cette sainteté intérieure qui est la source de la justice[103]. »

Plus récemment, l'historien chrétien, Paul Johnson, écrivit dans *Une histoire des Juifs* : « L'influence juive sur l'humanité a été protéiforme. Dans l'Antiquité, ils furent les grands innovateurs de la religion et de la morale. Au Moyen Âge, ils étaient encore un peuple avancé et transmettaient des connaissances rares et de la technologie. Ils furent graduellement laissés derrière et déclinèrent ; vers la fin du XVIIIe siècle, ils étaient considérés comme une arrière-garde négligée et ignorante dans la marche de l'humanité civilisée. C'est alors qu'un second et étonnant éclat de créativité jaillit. En quittant les ghettos, ils transformèrent une fois de plus la pensée humaine, cette fois sur le plan laïque. La plus grande partie de l'architecture mentale du monde moderne est aussi de fabrication juive[104]. »

Similairement, dans *Les dons des Juifs : Comment une tribu de nomades du désert changea la manière dont le monde pense et ressent*, l'écrivain Thomas Cahill, ex-directeur des publications religieuses à Doubleday, décrit la contribution des Juifs au monde, laquelle, à son avis, commença durant l'exil de Babylone. « Les Juifs débutèrent tout, écrit-il, et par "tout", je veux dire tant de choses qui nous tiennent à cœur ; les valeurs de base qui nous remuent tous, Juifs et non-Juifs, croyants et athées. Sans les Juifs, nous verrions le monde à travers des yeux différents, nous écouterions avec des oreilles différentes et nous ressentirions même des sentiments différents… Nous penserions avec un esprit différent, nous interpréterions toutes nos expériences différemment, nous tirerions des conclusions différentes des choses qui nous arrivent. Nous prendrions une voie différente dans notre vie[105] ».

Il est intéressant de constater que certains guides juifs de renom écrivirent aussi sur l'expansion (et la détérioration) de la sagesse juive après la ruine du Premier Temple. Rabbi Shmuel Bornsztain de Sochatchov écrivait, par exemple : « Les Grecs possédaient la sagesse de la philosophie, dont l'origine étaient les écrits du Roi Salomon qui tombèrent en leur possession après la ruine du Premier Temple. Cependant, ils les gâchèrent avec leurs omissions, additions, substitutions, au point d'y insérer de fausses vues. Pourtant, la sagesse en elle-même est bonne, mais de mauvaises parts y furent mêlées[106]. »

Le Baal HaSoulam n'écrit rien d'autre dans « La sagesse de la Kabbale et la philosophie » : « Les sages de la Kabbale examinent également la théologie philosophique et se plaignent que les théologiens ont volé les strates supérieures de cette sagesse que Platon et ses prédécesseurs, en Grèce, avaient acquis en étudiant avec les disciples des prophètes en Israël. Ils ont dérobé les éléments primaires de cette sagesse et ont revêtu des vêtements qui n'étaient pas les leurs[107]. »

L'Héritage des Juifs

Les Juifs qui demeurèrent à Babylone après la ruine du Premier temple développèrent une communauté florissante qui s'étendit à travers l'empire perse. Plus tard, lorsque le Second Temple fut détruit, le peuple juif perdit sa souveraineté sur la terre d'Israël. Cependant, la conquête du peuple juif introduisit dans le monde les deux préceptes qui deviendraient la base des trois religions prédominantes, pertinemment nommées « abrahamiques » : « Aime ton prochain comme toi-même » et le « monothéisme », dont la signification est qu'il n'y a qu'un seul Dieu, une seule force qui gouverne le monde. Ce sont des notions primordiales pour la correction de l'humanité, car une fois comprises correctement, la première définit la manière dont nous accomplirons la correction ; en aimant les autres, non nos proches mais nos voisins, c'est-à-dire les étrangers. La seconde définit l'essence de notre atteinte, une fois corrigés ; la force unique de la réalité.

De même, le professeur T.R. Glover, de l'Université de Cambridge, écrivait dans *L'Ancien monde* : « Il est étrange que les religions vivantes du monde soient toutes fondées sur des idées religieuses provenant des Juifs[108]. » Hermann Rauschning, un révolutionnaire conservateur allemand qui joignit brièvement les Nazis avant de s'en dissocier, écrivit dans *La Bête de l'Abysse* : « Le judaïsme est néanmoins [...] une composante inaliénable de notre civilisation chrétienne occidentale, l'éternel "appel au Sinaï" contre lequel l'humanité se révolte à chaque reprise[109]. »

L'exil de la terre d'Israël fut un long processus par lequel les Juifs, et donc les valeurs juives, furent graduellement absorbés par leurs nations hôtes. Joseph Ben Matityahu, mieux connu sous le nom de Flavius Josèphe, historien juif de langue grecque, décrit l'expulsion des Juifs par les Romains au début de l'exil. Dans *La Guerre des Juifs*, Flavius écrit : « Sous Cestius, leur général, il les chassa complètement de Syrie, car ils avaient campé autrefois à Raphanée, et il les renvoya à un endroit appelé Mélitène, près de l'Euphrate, aux confins de l'Arménie et de la Cappadoce[110]. »

Au chapitre 3, Flavius précise : « Du fait que la nation juive est largement dispersée sur toute la terre habitable et parmi ses habitants, elle est très mêlée en Syrie en raison de sa proximité, et sa plus grande multitude est à Antioche, en raison de la grandeur de la ville, où les rois, après Antiochos, leur avaient permis d'habiter dans la plus grande tranquillité[111]. »

De nos jours, l'écrivain Jacob Leschinsky raconte dans *La migration des Juifs* que les Juifs se sont dispersés à travers le monde, à un rythme surprenant. Il écrit : « Lorsque nous observons la diaspora de la communauté juive sur le globe et de par le monde civilisé, nous sommes surpris de voir que cette nation, qui est presque la plus ancienne au monde, est en vérité la plus jeune en termes de terre sous ses pieds et de ciel au-dessus de sa tête. En raison des persécutions acharnées et des expulsions forcées, la plupart des Juifs sont des nouveaux venus dans leurs pays de résidence. Quatre-vingt-dix pour cent des Juifs vivent dans leur nouveau foyer depuis moins de cinquante ou soixante ans ! Le peuple juif est dispersé dans plus de 100 pays, sur les cinq continents[112]. »

Il est intéressant de constater que leur mélange avec d'autres nations est précisément ce qui était requis pour accomplir les corrections de Moïse. Il est vrai que tant qu'Israël était séparé des autres nations, les préceptes mentionnés plus haut comme étant au cœur du judaïsme ne pouvaient être pervertis ; il est vrai aussi que les Juifs avaient beaucoup à gagner de leur exil parmi les nations. C'est pourquoi le Livre des Psaumes (106,35) nous dit que les Juifs furent exilés pour « se mêler avec les nations et apprendre de leurs œuvres ».

Adam, le premier homme, l'âme collective

Le ARI explique que, en vérité, nous sommes tous des parties d'une âme unique, que les Kabbalistes connaissent sous le nom d'*Adam HaRishon* (le premier homme) et la plupart des autres peuples sous le nom d'Adam. L'exil, dit le ARI, fut la continuation du processus de correction. Dans *Shaar HaPsoukim* (La Porte des versets), il écrivait : « *Adam HaRishon* (Adam) contenait toutes les âmes et contenait tous les mondes. Quand il pécha, toutes ces âmes tombèrent de lui dans les *Klipot* (écorces, formes d'égoïsme), qui se divisent en 70 nations. Israël doit y être en exil, dans chacune de ces nations, et rassembler les roses des âmes saintes qui se sont éparpillées parmi ces épines, comme nos sages l'ont écrit dans Midrash Rabba : "Pourquoi Israël fut-il exilé parmi les nations ? Pour lui ajouter des étrangers[113]." »

Le NATSIV de Valojyn écrivait à ce sujet : « Son début fut au Mont Ebal [...] mais ils achevèrent cette affaire élevée seulement par l'exil et la dispersion[114]. »

C'est pour une bonne raison que l'exil est nécessaire afin d'accomplir la correction des Juifs, puis du monde entier. Nous avons dit précédemment que lorsqu'Abraham offrit la méthode de correction à ses compatriotes babyloniens, ils la rejetèrent parce qu'ils étaient trop occupés à ne rien se refuser et à être égoïstes. Pourtant, si nous sommes tous des parties d'une seule âme collective, comme le ARI le souligne, à la fin, nous devrons *tous* accomplir la correction, par laquelle nous découvrirons le Créateur et nous deviendrons comme Lui. C'est le bénéfice, tel que nous l'avons vu au chapitre 2, qu'Il avait l'intention de le donner au genre humain.

La correction d'Abraham n'était donc que le début du processus, certainement pas sa fin. Dans un article long et difficile, intitulé « Ils bâtirent des villes *Miskenot* », le Baal HaSoulam écrit : « Nous devons aussi comprendre la question du patriarche Abraham : "Comment saurais-je que j'en hériterai ? (Genèse 15,8) Que répondit le Créateur ? Il est écrit : 'Et Il dit à Abram : Sache avec certitude que tes descendants seront étrangers sur une terre qui n'est pas la leur[115].'" » Le Baal HaSoulam explique que dans cette réponse, le Créateur promet à Abraham que tous les peuples accompliront la correction à travers le mélange de la nation corrigée — Israël — avec les nations non corrigées — dans ce cas représentées par l'Égypte.

Il est surprenant de constater que, par cette réponse, le Créateur promet à Abraham l'exil. Non seulement ça, écrit Baal HaSoulam, mais Abraham « l'accepta comme garantie pour l'héritage de la terre[116]. » En effet, Abraham savait qu'un mélange des désirs — représentés par les différentes nations du monde — était nécessaire pour accomplir la correction de l'humanité. Considérant que chacune des nations représente une part de l'âme d'Adam, il est nécessaire que chaque part de l'âme soit initiée à la méthode de correction et qu'elle finisse par l'adopter. C'est la raison pour laquelle Israël devait être exilé et se disperser à travers le monde.

Dans le cadre de l'expansion du processus de correction à l'humanité, Abraham fut exilé en Égypte, où sa tribu devint une nation. Quand la nation Israélite fut exilée après la ruine du Premier et du Second Temple, elle présenta la méthode de correction au monde entier.

Bien que la méthode n'ait pas été adoptée par le reste de l'humanité, les préceptes, déjà mentionnés, y ont été néanmoins implantés, préceptes qui forment une base commune sur laquelle débuter le processus de correction… aussitôt que les peuples commenceront à la rechercher.

Dans « *HaArvout* » (La garantie mutuelle), le Baal HaSoulam précise le procédé par lequel la nation israélite se corrige d'abord, de manière à transmettre ensuite la correction au reste des nations. Voici ses mots : « Rabbi Eléazar, fils du Rashbi (Rabbi Shimon Bar-Yochaï), éclaircit plus encore ce concept de l'*Arvout*. Il n'est pas suffisant pour lui que tout Israël soit responsables les uns des autres, mais le monde entier est inclus dans cette *Arvout* […] Tout le monde admet qu'il est suffisant de commencer par une seule nation, qui observe la Torah (la loi du don) et qui commence la correction du monde. Il était impossible de commencer avec toutes les nations en même temps, puisqu'il est dit que le Créateur alla avec la Torah vers chaque nation et chaque langue, et qu'ils ne voulaient pas la recevoir. En d'autres mots, ils étaient plongés dans […] l'amour propre […] au point qu'il était impossible de concevoir, en ces temps-là, de même leur demander s'ils accepteraient de se retirer de l'amour propre. »

« Cependant la fin de la correction du monde se produira uniquement en amenant tous les peuples du monde sous Son travail, comme il est écrit : "Et le Seigneur sera Roi sur toute la terre ; ce jour-là le Seigneur sera Un, et Son nom sera Un" (Zacharie 14,9) "Et toutes les nations afflueront vers Lui." (Esaïe 2,2) »

« Cependant, le rôle d'Israël envers le reste du monde ressemble au rôle de nos saints pères envers la nation Israélite. De même que la droiture de nos pères nous aida à nous développer et à nous purifier pour être dignes de recevoir la Torah (la loi du don) [...] c'est à la nation israélite de se qualifier et de qualifier tous les peuples du monde à travers la Torah et les *Mitsvot* (corrections de l'égoïsme), pour se développer jusqu'à ce qu'ils prennent sur eux ce sublime travail de l'amour d'autrui, qui est l'échelle de l'intention de la Création, étant la *Dvékout* (similarité/équivalence de forme) avec Lui[117] ».

De même, dans son article « Une servante qui hérite de sa maîtresse », le Baal HaSoulam écrit : « Le peuple d'Israël, qui a été choisi comme opérateur de l'objectif général et de la correction [...] contient la préparation nécessaire pour la croissance et le développement jusqu'à qu'il pousse également les nations du monde à atteindre le but commun[118]. »

Le Baal HaSoulam et son fils, le Rabash, peuvent bien avoir été les derniers Kabbalistes à déclarer que le rôle du peuple juif dans le monde est d'amener la méthode de la correction au reste des nations, mais ils n'ont certainement pas été les premiers. D'innombrables rabbins, des Kabbalistes et des érudits ont déclaré la même chose depuis approximativement la ruine du Second Temple.

Le Midrash Rabba déclare donc : « Israël apporte la lumière au monde[119] » et le Talmud de Babylone ajoute : « le Créateur agit avec justice envers Israël, en dispersant ses enfants parmi les nations[120]. » Rabbi Yéhouda Altar, l'ADMOR de Gour écrivit : « Tout exil des enfants d'Israël n'est que pour générer des étincelles saintes dans les nations (ce qui rejoint les mots du Baal HaSoulam cités ci-dessus). Les enfants d'Israël sont garants du fait d'avoir reçu la Torah afin de corriger le monde entier, les nations aussi[121]. »

De même, Rabbi Hillel Zeitlin écrit : « Si Israël est le seul vrai rédempteur du monde entier, il doit être apte à cette délivrance. Israël doit d'abord sauver l'âme qui est la sienne ; la sainteté de son âme, la sainteté de sa *Shekhina* (Divinité) [...] Pour ce faire, je souhaite rétablir par ce livre l'unité d'Israël [...] Si elle est fondée, l'unification des individus se fera dans le sens d'une ascension intérieure et d'une invocation pour les corrections de tous les maux de la nation et du monde[122]. »

Je voudrais conclure ce chapitre avec encore quelques mots du Baal HaSoulam qui, en quelques paragraphes, détaille le but de la Création, le fait que l'humanité y a droit, et le rôle d'Israël eu égard à son accomplissement. Voici ses mots : « Pourquoi la Torah fut-elle donnée à la nation d'Israël sans la participation de toutes les nations du monde ? En vérité, le but de la Création s'applique à l'ensemble de la race humaine, sans exception aucune. Toutefois, à cause de la bassesse de la nature de la Création (étant égoïste) et de sa force sur les gens, il était impossible que les personnes comprennent, décident et acceptent de s'élever au-dessus d'elle. Ils ne démontrèrent pas le désir d'abandonner l'amour propre et d'atteindre l'équivalence de forme, qui est l'adhésion avec Ses propriétés, comme le disent nos sages : "De même qu'Il est miséricordieux, soyez tout aussi miséricordieux." »

« Donc, grâce aux mérites de ses ancêtres (les exemples donnés par Abraham, Isaac et Jacob), Israël réussit [...] devint apte, et fit pencher la balance du mérite (il se corrigea pour ressembler au Créateur). Chacun des membres de la nation accepta d'aimer son prochain (ce qui est la manière d'accomplir la correction) ».

« Cependant, la nation israélite devait être un "passage", ce qui veut dire que dans la mesure où Israël se purifie en observant la Torah (la loi du don), il transmet sa force au reste des nations. Lorsque le reste des nations fait aussi pencher la balance du mérite (en se corrigeant et en abandonnant l'égoïsme), le Messie (la correction finale) sera révélé. Il en est ainsi parce que le rôle du Messie n'est pas seulement de qualifier Israël à l'ultime but de l'adhésion avec Lui, mais d'enseigner les voies de Dieu (le don) à toutes les nations, comme dans le verset : "Et toutes les nations afflueront vers Lui[123]" ».

Chapitre 5

Les parias

(Les racines de l'antisémitisme)

À travers l'histoire, jamais une nation n'a été aussi persécutée que les Juifs. À travers l'histoire, jamais une nation n'a survécu à chaque persécution dont elle a été victime et n'en est ressortie plus forte à chaque fois.

L'apparente indestructibilité des Juifs souleva de nombreuses questions, quoique davantage parmi les non-Juifs que chez les Juifs, car ceux-ci étaient trop occupés à survivre. Dans son roman *Wilhelm Meisters Lehrjahre* (*Les Années d'apprentissage de Wilhelm Meister*), le célèbre écrivain allemand Johann Wolfgang von Goethe exprima sa confusion au sujet de la ténacité des Juifs : « Chaque Juif, aussi insignifiant soit-il, est dévoué d'une manière décisive et immédiate à la poursuite d'un but… C'est le peuple le plus éternel sur terre[124]. »

Comme Goethe, le professeur T.R. Glover, de Cambridge, souligne l'énigme de l'existence des Juifs dans *L'Ancien monde* : « Aucun peuple ancien n'a eu une histoire plus étrange que les Juifs… L'histoire d'aucun peuple ancien ne devrait être plus précieuse, si nous pouvions seulement la retrouver et la comprendre… Plus étrange encore, la religion antique des Juifs survit alors que toutes les religions de chacune des races antiques du monde préchrétien ont disparu [...] La grande question n'est pas "Qu'est-il arrivé ?", mais "Pourquoi est-ce arrivé ? Pourquoi le judaïsme vit-il encore[125] ?" »

De même, Ernest van den Haag, professeur de jurisprudence et politique publique à l'Université de Fordham, écrivait : « Dans un monde où les Juifs ne constituent qu'un infime pourcentage de la population, quel est le secret de l'importance extrême que les Juifs ont eue sur l'histoire de la culture occidentale[126] ? »

Le mathématicien, physicien, inventeur et philosophe français, Blaise Pascal, était fasciné par l'antiquité du peuple juif. Dans son livre *Pensées*, il écrit : « Ce peuple n'est pas éminent seulement par rapport à son antiquité, mais il l'est aussi par sa longévité, par le fait qu'il perdure depuis son origine jusqu'à présent. Alors que les nations de Grèce et d'Italie, de Sparte, d'Athènes et de Rome, sans compter d'autres qui suivirent bien plus tard, ont péri depuis très longtemps, celle-ci demeure toujours, et ce, malgré les tentatives de nombreux rois puissants de la détruire des centaines de fois [...] elle a toutefois été préservée[127]. »

En effet, comme d'innombrables personnages bien connus l'ont constaté à travers les âges, les Juifs ne peuvent pas être anéantis. Les Juifs ont une mission à remplir et jusqu'à ce qu'ils la remplissent, la Nature, Dieu, le Créateur, l'Éternel, ou quoi que ce soit que vous utilisiez pour Le nommer, ne permettra pas qu'ils soient exterminés. Dans un même ordre d'idées, tant que les Juifs persisteront à éviter d'assumer la tâche qui leur a été assignée, ils peuvent certainement s'attendre à être torturés et éliminés, *presque* jusqu'à l'extinction, comme ils l'ont été, le sont, et le seront encore. Pour déterrer les racines de la *Via Dolorosa* juive dans l'histoire, nous devons effectuer un voyage dans le temps, jusqu'au début de la Création.

Au chapitre 2, nous avons vu que le Créateur n'a qu'un seul désir : faire du bien à Ses créations — à savoir nous, les humains. Cependant, du fait que nous n'avons aucune perception de Lui, nous ne pouvons rien recevoir de Lui.

Quand nous voulons donner un cadeau à un ami, nous nous approchons de cet ami et nous le lui donnons. Il doit y avoir un contact entre celui qui donne et celui qui reçoit. Ainsi, pour qu'Il nous donne, le Créateur et la Création doivent entrer en contact. Du fait de la connexion, comme le dit le Baal HaSoulam, « On ressent le merveilleux bénéfice contenu dans la Pensée de la Création, qui est de réjouir Ses créatures de Sa main pleine, bonne et généreuse. Un merveilleux amour apparaît entre une personne et le Créateur, à cause de l'abondance des bénéfices qu'elle atteint et qui se déversent constamment sur elle, à travers les mêmes canaux et les mêmes voies par lesquels l'amour naturel apparaît. Néanmoins, tout cela n'arrive à une personne qu'à partir du moment où elle atteint le Créateur, et cela continue par après[128]. »

Ceci, avons-nous dit au chapitre 2, éveille le besoin d'être en « équivalence de forme », c'est-à-dire comme le Créateur, avec la nature de donner. Il est regrettable que la grande majorité d'entre nous n'aient pas ce désir ; il nous est très déplaisant de donner, à moins que nous n'en retirions quelque profit, une motivation quelconque de le faire. RASHI, le grand commentateur de la Bible, commenta le verset « Le penchant du cœur de l'homme est mauvais dès sa jeunesse » (Genèse 8,21). Pour lui, il signifie que « Dès que l'on sort de la matrice de [notre] mère, Il (le Créateur) implante en [nous] le mauvais penchant », qui est, comme nous l'avons vu au chapitre 3, l'égoïsme, le désir de recevoir pour nous-mêmes.

C'est pourquoi, comme le Créateur est bienfaisant et que nous sommes le contraire, le conflit entre l'homme et Dieu semble inévitable. Comment pourrons-nous jamais L'atteindre, s'Il nous a créés essentiellement à l'opposé de Lui ? Le remède à l'égoïsme se trouve dans ce que nous avons évoqué auparavant dans ce livre: « le point dans le cœur ». Cette soif de comprendre ce qu'est la vie et ce qui fait tourner le monde (et ce n'est pas l'argent) est le désir ardent qui permit à Adam, à Abraham et à sa progéniture, à Moïse et à la nation entière qui s'éleva des parias de Babylone, de développer une méthode de correction qui transforme le mauvais penchant en bonté universelle.

Symboles d'un conflit intérieur

On pourrait discuter à savoir si oui ou non la Bible, l'Ancien Testament, est un véritable recueil d'événements historiques. Toutefois, les grands sages d'Israël, à travers les âges, ne se souciaient pas de la pertinence historique de la Bible. Ils la considéraient plutôt comme une allégorie décrivant les processus intérieurs et spirituels que l'on éprouve sur la voie de la correction. Pour eux, Nimrod, roi de Babylone, représente la *meridah* (révolte en hébreu), le mépris pour la qualité du don, le Créateur ; Pharaon représente l'esprit du mauvais penchant et il en va de même d'Haman, quoiqu'à un niveau plus avancé du développement spirituel.

RASHI interprète le Talmud de Babylone comme suit : « Son nom était Nimrod, car il *himrid* (poussa à agir) le monde entier contre le Seigneur[129]. »

Quant au Pharaon, Maïmonide explique, avec affection : « Tu dois savoir, mon fils, que Pharaon, le roi d'Égypte, est en fait le mauvais penchant[130]. » Dans le même ordre d'idées,

Elimelekh de Lizhensk, auteur de *Noam Elimelekh* (*La Douceur d'Elimelekh*), écrivit simplement : « Pharaon, qui est nommé "le mauvais penchant"[131]. »

Rabbi Jacob Joseph Katz approfondit le discernement concernant Pharaon. Il expliqua que les mots « Pharaon laissa aller le peuple » (Exode 13,17) désignent la phase du développement spirituel où une personne se libère des lourdes chaînes du mauvais penchant. Voici ce qu'il a écrit : « Et lorsque Pharaon laissa aller le peuple — lorsque les organes quittent l'autorité du mauvais penchant, comme dans la sortie d'Égypte, ils sortent des quarante-neuf portes de la *Toumaa* (impureté, égoïsme) pour se diriger vers la sainteté (don)[132]. »

Dans le même ouvrage, Rabbi Katz ajoute sa perspective au sujet d'Haman : « Les instructions d'Haman à l'effet de construire une potence haute de cinquante coudées est le conseil du mauvais penchant[133]. » De même, Rabbi Jonathan Eibshitz écrit dans son livre *Yaarot Devash* (*Nids d'abeilles*) : « Haman, qui est le mauvais penchant[134]… »

Plus récemment, des Kabbalistes et des érudits d'origine juive ont commencé à ressentir que le temps était venu et que l'Ère de la Correction approchait. Ils ont commencé à ajouter à leurs paroles des appels implicites, et parfois explicites, à passer à l'action. Ainsi, Rav Yéhouda Ashlag, ressentant que l'application de la méthode de correction était une nécessité urgente, fit un lien direct entre le fait de surmonter le mauvais penchant et la manière dont cela doit être réalisé de nos jours — par l'unité. Dans un essai intitulé « Il y a un certain peuple », le Baal HaSoulam nous raconte : « "Il y a un certain peuple dispersé et séparé parmi les peuples". Haman dit que, à son avis, ils (le peuple d'Haman) réussiront à détruire les Juifs parce qu'ils sont séparés les uns des autres, donc notre force contre eux l'emportera certainement, car elle (la séparation qui existe entre les Juifs) entraînera la séparation entre l'homme et Dieu[135]. » C'est l'égoïsme des Juifs qui les sépare de l'attribut du don, du Créateur, de sorte que la force de l'ego, le mauvais penchant, « l'emportera certainement ». « C'est pourquoi, continue le Baal HaSoulam, Mardochée alla corriger ce défaut, comme il est clarifié dans le verset "**Les Juifs se rassemblèrent**..." **pour se rassembler et se défendre.** Cela signifie qu'ils furent sauvés grâce à leur union[136]. »

Nous pouvons donc conclure que l'existence réelle de Nimrod, de Pharaon, de Balak, de Balaam ou de Haman est de moindre importance. Ce qui *est* important, c'est que *les traits* représentés par ces personnages existent en nous, et la Bible nous raconte allégoriquement les étapes par lesquelles nous pouvons les surmonter.

Lorsque nous nous élevons au-delà de ces caractéristiques égoïstes, nous sommes récompensés par la délivrance — l'attribut du don, l'équivalence de forme avec le Créateur. Une fois que nous aurons corrigé ces traits en nous, ils ne nous hanteront plus, puisque nous aurons été délivrés de l'égoïsme et que nous aurons acquis Ses attributs de don ; il en est ainsi parce que le Créateur désire nous faire du bien.

Si un de ces modèles d'égoïsme vivait de nos jours, nous le classerions certainement comme un antisémite de la pire espèce. En ce sens, Rav Kook fit une prédiction menaçante (et vraie) en faisant une relation directe entre les antisémites modernes et ceux de la Bible. Dans une envolée peu orthodoxe, il écrit : « Amalek, Petlioura (dirigeant ukrainien soupçonné d'être antisémite), Hitler et d'autres, éveillent à la rédemption. Celui qui n'a pas entendu la voix du premier

Shofar (un symbole d'appel à la rédemption), ou le son du second […] car ses oreilles étaient bouchées, entendra la voix du *Shofar* impur, de l'immonde (non kasher). Il l'entendra contre son gré[137]. »

Deux voies ; l'une heureuse, l'autre douloureuse

L'état de rédemption complète — la révélation du Créateur par toute l'humanité — est obligatoire. Baal HaSoulam dit qu'il y a deux voies pour l'accomplir : la voie de la Torah, lorsque nous adoptons volontairement la Loi du Don comme notre mode de vie, ou bien la voie de la souffrance, où la réalité nous oblige quand même à adopter la Loi du Don comme mode de vie[138].

Aussi tranchantes que les paroles de ces deux contemporains puissent paraître, elles reposent sur une base solide. Le Talmud écrit : « Rabbi Eliezer dit : "Si Israël se repent, il sera racheté, sinon, il ne sera pas racheté." Rabbi Yehoshua lui dit : "S'il ne se repent pas, il ne sera pas racheté, mais le Seigneur placera sur lui un roi dont les décrets seront aussi durs que ceux d'Haman, Israël se repentira et Il les corrigera[139]." »

Même cette occasion capitale au pied du mont Sinaï, lorsque nous avons collectivement reçu la Torah dans le cadre d'un spectacle audiovisuel magnifique, n'était apparemment pas aussi joyeuse ou festive qu'on l'a décrite. Le Talmud nous dit que les circonstances étaient telles qu'il n'y avait plus grand-chose à faire que de la recevoir. En termes d'aujourd'hui, nous dirions que le Créateur nous fit une offre que nous ne pouvions pas refuser : « Il est écrit : "Et ils se tenaient au bas de la montagne." Rav Dimi Bar Hama explique que le Seigneur avait forcé la montagne sur Israël comme une voûte, et leur avait dit : "Si vous acceptez la Torah (Loi du Don), très bien, mais sinon, c'est ici que se trouvera votre tombeau[140]." »

En effet, personne n'a dit qu'il était facile d'avoir le droit d'aînesse. Cependant les Juifs, les descendants du clan d'Abraham, sont justement cela. Ils furent les premiers à atteindre le but de la Création ; il leur revient donc de montrer la voie au reste de l'humanité. Aussi longtemps qu'ils éviteront d'en assumer la responsabilité, ils seront rejetés par toutes les nations.

Les docteurs du monde

Imaginez que vous avez trouvé une série d'exercices qui guérissent le cancer et préviennent les rechutes à jamais. Imaginez que vous l'avez dit au monde entier, comme Abraham le fit à Babylone, mais que vous avez été rejeté parce que les exercices sont monotones et fatigants, et que personne ne se sent vraiment mal.

À présent, imaginez que, des années plus tard, des milliards de personnes à travers le monde ont le cancer. Ils se souviennent vaguement vous avoir entendu dire que vous aviez un remède et, désespérés, ils se tournent vers vous, vous suppliant de sauver leurs vies. Cependant, vous en avez tout oublié. Vous savez que le remède existe, vous savez que de nombreuses personnes ont dit que le remède (*Segoula*) est puissant, mais puisque vous vous sentez fort et en bonne santé, vous ne voyez aucune raison de réapprendre ces exercices, et encore moins les enseigner à des milliards de personnes. Pouvez-vous imaginer comment le monde se sentirait par rapport à vous, ce que les gens penseraient et ce qu'ils feraient ?

C'est exactement ce que sont les Juifs par rapport au monde. Le monde commence à se sentir mal et les gens commencent à chercher un moyen de sortir de leur détresse. Ils savent que nous sommes le peuple élu et que nous sommes destinés à apporter la rédemption. Ils peuvent ignorer que la rédemption implique de changer leur nature vers le don, mais les gens savent que la rédemption est souhaitable.

Des versets du Nouveau Testament tels que « Vous adorez ce que vous ne connaissez pas ; nous, nous adorons ce que nous connaissons, car le salut vient des Juifs[141] », « Quel est donc l'avantage des Juifs ? [...] Il est grand de toute manière et tout d'abord en ce que les oracles de Dieu leur ont été confiés[142] » ne sont que deux des innombrables mentions de la place et du rôle exceptionnel des Juifs, comme en font foi les écrits chrétiens. Quand nous ne réalisons pas notre mission, nous attirons vers nous, par inadvertance, la colère et la haine. Elles se traduisent par cette chose que nous considérons aujourd'hui comme de l'antisémitisme.

Le fait que nous soyons différents et uniques est documenté dans l'histoire, dans nos Écritures, celles du christianisme et de l'islam, et dans les écrits de bon nombre d'érudits et d'hommes d'État. Vous trouverez ci-dessous quelques-unes des innombrables citations qui portent sur le caractère unique des Juifs :

Winston Churchill, premier ministre de Grande-Bretagne durant la Seconde Guerre mondiale : « Certaines personnes aiment les Juifs et d'autres ne les aiment pas. Mais aucun homme sérieux ne peut nier le fait qu'ils soient, sans l'ombre d'un doute, la plus remarquable race qui soit jamais apparue sur terre[143]. »

Lyman Abbott, théologien congrégationaliste américain, éditeur et auteur : « Lorsque, parfois, nos propres préjugés anti-chrétiens se déversent contre le peuple juif, nous devons nous souvenir que tout ce que nous avons et tout ce que nous sommes, nous le devons, en vertu de Dieu, à ce que le judaïsme nous a donné[144]. »

Huston Smith, professeur d'études religieuses aux États-Unis, auteur des *Religions du monde*, ouvrage qui s'est écoulé à plus de deux millions d'exemplaires: « Un fait marquant parcourt l'histoire du peuple juif dans son ensemble. La civilisation occidentale est née au Moyen-Orient et les Juifs étaient à son carrefour. À l'apogée de Rome, les Juifs étaient proches du centre de l'Empire. Lorsque la puissance se déplaça vers l'Est, le centre juif était à Babylone ; lorsqu'elle passa à l'Espagne, là aussi, les Juifs y étaient. Quand au Moyen-Âge le centre de la civilisation se déplaça en Europe Centrale, les Juifs l'attendaient en Allemagne et en Pologne. La montée des États-Unis au titre de première puissance mondiale s'est faite alors qu'il s'y trouvait une forte concentration de Juifs. De nos jours, alors que le pendule semble osciller à nouveau vers l'Ancien Monde et que l'Est revêt une toute nouvelle importance, les Juifs sont, encore là, en Israël[145]… »

Léon Tolstoï, romancier russe, auteur d'*Anna Karénine*, écrit : « Qu'est-ce que le Juif ? […] Quel genre de créature unique est-ce, que tous les dirigeants de toutes les nations du monde ont déshonorée et écrasée, l'ont expulsée et détruite, persécutée, brûlée et noyée, et qui, malgré leur colère et leur rage, continue à vivre et à prospérer ? Quel est ce Juif qu'ils n'ont jamais réussi à séduire avec toutes les séductions du monde, dont les oppresseurs et les persécuteurs ont voulu qu'il nie (et désavoue) sa religion et abandonne la fidélité à ses ancêtres ? !

« Le Juif est le symbole de l'éternité […] Il est celui qui a gardé pendant si longtemps le message prophétique et l'a transmis à toute l'humanité. Un tel peuple ne pourra jamais disparaître. Le Juif est éternel. Il est l'incarnation de l'éternité[146] ».

Nous *sommes* en effet le symbole de l'éternité, comme Tolstoï l'a dit, car l'attribut de bienveillance du Créateur se trouve dans nos « gènes spirituels ». Pourtant, nous ne trouverons pas la paix, comme dans l'exemple du cancer et des exercices curatifs, jusqu'à ce que nous nous élevions consciemment au niveau spirituel et que nous élevions l'humanité entière à notre suite.

Comme nous l'avons vu et comme certaines citations le confirment, c'est maintenant l'heure de la correction générale. En de telles circonstances, les événements deviennent inclusifs et globalisés. Ce fut le cas de la Première Guerre mondiale, et plus encore de la Seconde, les atrocités s'étant inscrites dans notre mémoire collective pour nous rappeler qui nous sommes et ce que nous sommes destinés à accomplir.

Pour éviter de tels cataclysmes dans le futur, nous devons examiner de plus près certaines suggestions et déclarations faites avant et après l'Holocauste. Le prochain chapitre mettra l'accent sur ces déclarations, ainsi que sur leur pertinence eu égard à nos vies actuelles. Une fois que nous saurons ce qui a été dit, nous pourrons évaluer ce que nous devons faire pour nous aider et aider le monde.

Chapitre 6

Extensible

(L'antisémitisme contemporain)

Au premier chapitre, nous avons vu qu'Abraham avait découvert que l'égoïsme inhérent à la nature humaine tendait à croître constamment. La méthode qu'il conçut ne visait pas à réprimer cet égoïsme, car il savait que cela s'avérerait impossible, car l'homme avait été créé pour recevoir sans réserve. Sa seule question était donc de savoir comment recevoir cette bonté qui lui était destinée. Abraham découvrit une méthode où, en étudiant et en s'efforçant de s'unir, les gens s'élevaient à un nouveau degré de perception. Là, ils acquéraient la nature du Créateur — la bienveillance — et pouvaient ainsi recevoir ce plaisir infini sans devenir trop indulgents et dangereux pour eux-mêmes ou leur environnement.

La sortie d'Égypte et la formation de la nation d'Israël marquèrent une phase de formation de cinq siècles. Durant cette période, Israël passa d'un groupe de familles et de disciples à une nation entière dont le but était d'atteindre le Créateur.

En essayant de s'élever au niveau spirituel le plus élevé, les Hébreux n'abandonnèrent jamais leur intention originale d'offrir leurs perceptions à l'humanité entière. Ce devait être leur contribution aux nations, la « lumière » qu'ils étaient destinés à leur passer. À travers les générations, ce « don de lumière » est ce que les nations ont essayé de recevoir des Juifs. L'absence de ce don est la raison pour laquelle les nations nous ont fait souffrir.

Dans l'introduction de son livre *Une histoire des Juifs*, l'historien chrétien et romancier Paul Johnson décrit avec éloquence les questions qui menèrent Abraham à ses découvertes, des questions qui, encore aujourd'hui, sont le moteur de l'humanité. Johnson y décrit aussi son admiration pour la capacité qu'ont les Juifs de découvrir les réponses à ces questions, de vivre selon les lois qui en découlent, ainsi que pour les efforts qu'ils font afin de les enseigner à autrui. Voici ce qu'il en dit : « Le livre m'a donné l'occasion de réexaminer objectivement, à la lumière d'une étude couvrant près de 4000 ans, la plus insurmontable des questions humaines : Pourquoi existons-nous sur terre ? L'histoire est-elle une simple série d'événements dont la somme est insignifiante ? N'y a-t-il aucune différence morale notable entre l'histoire de la race humaine et, disons, celle des fourmis ? Ou bien y a-t-il un plan providentiel dont nous sommes, quoiqu'humblement, les agents ? Aucun peuple n'a jamais insisté plus fermement que les Juifs sur le fait que l'histoire ait un but et que l'humanité ait un destin. À un stade très précoce de leur existence collective, ils croyaient avoir détecté un plan divin pour l'humanité, dont leur propre société devait en être le guide. Ils ont développé leur rôle d'une manière extrêmement détaillée. Ils s'y sont accrochés avec une persistance héroïque, face à des souffrances inhumaines. Beaucoup d'entre eux y croient encore. D'autres l'ont transformé en une tentative titanesque d'élever notre condition par des moyens purement humains. La vision juive devint le modèle premier pour maints grands desseins destinés à l'humanité, desseins aussi bien divins qu'humains. C'est pourquoi les Juifs se tiennent au centre même de la recherche éternelle afin de conférer à la vie humaine la dignité d'une intention[147]. »

Une prophétie

Pourtant, au début du XXe siècle, les Juifs s'étaient tant éloignés de leur vocation que, dans l'ensemble, ils devinrent ou bien extrêmement préoccupés par l'observance méticuleuse des commandements d'usage, oubliant ou rejetant leur signification intérieure, ou bien complètement absorbés dans des désirs mondains et matériels, oubliant ou rejetant leur irrévocable vocation. À une époque où l'égoïsme atteignit des niveaux propres à menacer la paix internationale, aucune des deux approches n'était souhaitable, et certains des grands guides spirituels de la nation nous prévinrent que le temps était venu d'aller à l'essentiel, de nous éveiller à notre mission et à la remplir avant qu'une calamité ne s'abatte sur nous.

Rav Abraham Isaac HaCohen Kook, grand érudit humaniste et Kabbaliste, tenta désespérément de prévenir les Juifs de l'antisémitisme rampant. Il leur fit savoir qu'ils ne seraient en sécurité dans aucun pays et que seul Israël pourrait les préserver du danger. En rétrospective, le contenu de son pressentiment est alarmant, car il nous donne un aperçu du degré de clairvoyance qui peut être propre à de telles personnes.

Le traité dans lequel il supplia les Juifs de se rendre en Israël a été nommé « Le grand appel pour la terre d'Israël ». Attardez-vous non seulement au plaidoyer, mais à la mise en garde quant à l'avenir des Juifs dans leurs pays d'origine : « Venez en terre d'Israël, chers frères, venez en terre d'Israël. Sauvez vos âmes, les âmes de vos générations, et l'âme de notre nation entière. Sauvez-la de la désolation et de l'oubli ;

sauvez-la de la décadence et de la dégradation ; sauvez-la de l'impureté et de la méchanceté, de tous les ennuis et de la détresse qui pourraient s'abattre sur elle dans tous les pays des nations, sans exception.

« "Venez en terre d'Israël !" Devrions-nous crier d'une voix forte et terrible, du son du tonnerre et de pleine voix, d'une voix qui remue les tempêtes et fait trembler les cieux et la terre, d'une voix qui déchire chaque cloison dans le cœur. Sauvez vos vies et venez en terre d'Israël. La voix du Seigneur nous appelle, Sa main est tendue vers nous. Son esprit est dans nos cœurs et Il nous rassemble, nous encourage et nous oblige, tous, à appeler d'une voix forte, terrible et puissante : "Frères, enfants d'Israël, chers frères bien-aimés, venez en terre d'Israël. Rassemblez-vous un à un, n'attendez pas de paroles officielles ni d'ordres ; n'attendez aucune permission de personnes connues. Faites ce que vous pouvez, fuyez et rassemblez-vous, venez en terre d'Israël. Pavez la voie à notre nation bien-aimée et opprimée. Montrez-lui que sa voie est déjà pavée et qu'elle s'étend devant elle. Elle ne doit pas s'arrêter ; elle n'a rien à exiger ; les voies et les allées ne sont pas si nombreuses. Elle a une voie devant elle, et c'est celle sur laquelle elle avancera ; c'est celle sur laquelle elle *doit* avancer, précisément jusqu'à la terre d'Israël[148]." »

Le Rav Kook n'était pas seul à bord de son aventure. En Pologne, un jeune et brillant *Dayan* (juge orthodoxe) de Varsovie — à cette époque la plus grande et prédominante communauté juive en Europe — Rav Yéhouda Ashlag, qui devint plus tard le commentateur renommé du *Livre du Zohar*, ne se contenta pas de proclamer publiquement que tous les Juifs devaient fuir l'Europe. Il organisa l'achat de 300 cabanes en bois venant de Suède, de même qu'un endroit où les construire en terre d'Israël (alors appelée « Palestine »).

Hélas, son plan avorta en raison de l'opposition de la congrégation juive de Pologne. Cela eut pour terrible conséquence que de tous les Juifs qui envisageaient de partir avec Ashlag en Israël, seuls Ashlag et sa famille finirent par émigrer. Le reste des familles restèrent en Pologne et périrent dans l'Holocauste[149].

Rav Kook comme Ashlag (Baal HaSoulam) exprimèrent la manière dont ils percevaient la montée du nazisme au pouvoir, et particulièrement Hitler. Souvenons-nous que Rav Kook est décédé en 1935, quatre ans *avant* même que la Seconde Guerre mondiale n'éclate. Nous rapportons ci-dessous les paroles du Rav Kook, revues pour les rendre plus accessibles au lecteur (vu la longueur du texte et son style anachronique), suivies des paroles de Baal HaSoulam.

> Le prophète prédit un grand *Shofar* de rédemption. (Un *Shofar* est une corne de bélier dans laquelle on souffle durant les festivités, mais c'est aussi un clairon). Nous prions *spécialement* pour que retentisse le grand *Shofar*. Il y a différents degrés dans un *Shofar* de rédemption — un grand *Shofar*, un *Shofar* moyen, et un petit *Shofar*. Le *Shofar* du Messie est considéré le *Shofar* de *Rosh Hashana* (Nouvel An hébreu). La *Halakha* (loi juive) distingue trois degrés du *Shofar* de *Rosh Hashana* : 1) *Shofar* de *Rosh Hashana* fait d'une corne de bélier ; 2) En rétrospective, tous les *Shofars* sont kasher ; 3) Un *Shofar* d'un animal impur, aussi bien qu'un *Shofar* d'animaux d'idolâtrie appartenant à un non-Juif non kasher. Cependant, si l'on a sonné d'un tel *Shofar*, on a fait son devoir.

Il est permis de sonner de n'importe quel *Shofar*, kasher ou non, tant que l'on ne s'en sert pas pour bénir et que les degrés présentés dans la loi du *Shofar* de *Rosh Hashana* coïncident avec les degrés du *Shofar* de rédemption.

Mais qu'est-ce, au juste, qu'un *Shofar* de rédemption ? Par le terme « *Shofar* du Messie », nous parlons de l'éveil et de la foi qui provoquent la renaissance et la rédemption du peuple d'Israël. Il s'agit de l'éveil qui rassemble les perdus et les rejetés pour mieux les amener au mont de sainteté, à Jérusalem.

Au fil des générations, il y a eu en Israël ceux qui ressentirent l'éveil qui provient du désir de faire la volonté de Dieu, ce qui est en Israël la rédemption complète (ramener tout Israël à la qualité de don). Voici le beau et grand *Shofar* : le désir du peuple d'être racheté.

Parfois, le désir s'affaiblit et la ferveur pour des notions sublimes de sainteté n'est plus aussi ardente. Cependant, la bonne nature humaine demeure et elle déclenche un simple désir parmi la nation d'établir sa loi chez elle. Ce désir naturel est le *Shofar* ordinaire, dit moyen, qui est présent partout. Celui-ci aussi est toujours un *Shofar* kasher.

Néanmoins, il y a un troisième degré au *Shofar* du Messie, qui n'en est pas moins comparable au *Shofar* de *Rosh Hashana* : c'est le petit *Shofar*, non kasher, qui n'est sonné que lorsqu'on ne peut trouver de *Shofar* kasher.

Ainsi, si la ferveur pour la sainteté et l'envie de la rédemption qui en découle ont pratiquement disparu, et si le désir naturel pour une vie nationale a lui aussi diminué, et qu'un *Shofar* non kasher n'est pas trouvé pour en sonner, *les ennemis d'Israël viennent et soufflent dans nos oreilles pour notre rédemption*. Ils nous forcent à faire attention à la voix du *Shofar* ; ils nous mettent en garde et nous frottent les oreilles, ne nous laissant aucun repos en exil.

[Ce qui suit est rapporté fidèlement.] Donc, le *Shofar* d'une bête immonde devient le *Shofar* du Messie. Amalek, Petlioura (dirigeant ukrainien soupçonné d'être antisémite), Hitler et d'autres éveillent notre rédemption. Celui qui n'a pas entendu la voix du premier *Shofar*, ou la voix du second [...], car ses oreilles étaient bouchées, entendra la voix du *Shofar* impur et immonde (non kasher). Il l'entendra contre son gré [...] Bien qu'un tel fouet — la détresse des Juifs — soit également porteur de rédemption, on ne doit pas bénir un tel *Shofar*[150].

Le Baal Hasoulam aussi fit plusieurs allusions au nazisme, notamment sur la façon dont il pensait qu'il pourrait être renversé : « Il est impossible de faire tomber le nazisme, autrement que par une religion de l'altruisme[151]. » Il faut noter que lorsque le Baal HaSoulam parle de « religion de l'altruisme », il ne veut pas dire que nous devrions exécuter certains rituels ou observer des pratiques en particulier. Par « religion de l'altruisme », il veut plutôt dire que *la personne a transformé sa nature* en une nature altruiste. Parallèlement, les gens choisiront de garder ou non leurs confessions, indépendamment de cette transformation.

De plus, Baal HaSoulam s'en prend à l'idée selon laquelle l'Allemagne nazie était un événement unique dans l'histoire. Il était peut-être le premier, mais si nous ne faisons pas ce qu'il faut, croyait-il, il ne sera pas le dernier : « Il s'avère que les gens pensent à tort que le nazisme n'est qu'un rejeton de l'Allemagne... toutes les nations se valent en cela et il est tout à fait vain d'espérer que les nazis périront avec la victoire des Alliés, car demain les Anglo-Saxons adopteront le nazisme[152]. »

Compte tenu de la montée en flèche de l'antisémitisme dans le monde entier, nous ferions bien de ne pas ignorer les paroles de ces hommes sages. Après tout, nous pouvons clairement voir que l'antisémitisme n'a pas disparu, pas plus que le nazisme ou l'appel d'en finir avec les Juifs.

Ce dont ils ont besoin, ce que nous donnons

À première vue, il semblerait que le monde soit ingrat en ce qui concerne la contribution des Juifs à l'humanité, notamment dans les domaines de la science, de l'éducation, de l'économie, de la sociologie, de la psychologie, et pratiquement toutes les sphères de la vie. Cependant, cette ingratitude devrait nous servir d'indication : ce que nous donnons n'est pas nécessairement ce dont ils ont besoin.

En fait, les gens reconnaissent l'unicité du peuple juif, mais c'est nous qui abusons de cette unicité en donnant ce que nous voulons donner, au lieu de donner ce qu'ils veulent recevoir.

Pour mieux comprendre ce dont le monde a besoin que nous lui donnions, nous devrions examiner certains des documents les plus durs ou les plus poignants écrits sur les Juifs. Un grand exemple est celui du livre — honteux — d'Henri Ford (fondateur de la Ford Motor Company), *Le Juif international : Le plus important problème du monde*. Bien qu'il contienne bon nombre de généralisations vulgaires, le livre établit bien souvent des points qu'il vaut la peine de considérer. Pour ce faire, nous devons néanmoins mettre de côté l'affront que représente le livre et examiner à fond les arguments de Ford (les italiques sont celles de l'éditeur) : « Chaque Juif devrait savoir aussi que dans chaque église chrétienne où les anciennes prophéties sont reçues et étudiées, il y a un grand regain d'intérêt pour l'avenir du peuple ancien. Il n'a pas été oublié que certaines promesses leur ont été faites concernant leur position dans le monde et l'on tient à ce que ces prophéties soient réalisées. L'avenir du Juif [...] est intimement lié à l'avenir de cette planète et une grande partie de l'église chrétienne [...] prévoit une restauration du peuple élu. Si la majorité des Juifs savaient avec quelles compréhension et sympathie toutes les prophéties les concernant sont à l'étude dans l'Église, ainsi que la foi qui y existe — que ces prophéties se réaliseront et qu'elles donneront lieu à *un grand service juif pour la société dans son ensemble* —, ils considéreraient probablement l'Église d'un autre œil[153]. »

Auparavant, Ford écrit : « Tout le but prophétique, par rapport à Israël, semble avoir été l'illumination morale du monde par son intermédiaire[154]. » Ailleurs, il ajoute : « La société a une grande attente envers [le Juif], à savoir qu'il [...] commence à remplir ce que, en quelque sorte, sa nature exclusive ne lui a jamais encore permis de remplir — l'ancienne prophétie qu'à travers lui toutes les nations sur terre devraient être bénies[155]. »

John Adams, deuxième président des États-Unis, exprima aussi son point de vue à propos de ce que les Juifs ont donné à l'humanité. « Les Hébreux, dit-il, ont fait plus qu'aucune autre nation pour civiliser les hommes. Si j'étais athée et que je croyais en un éternel destin aveugle, je devrais quand même croire que la providence avait destiné les Juifs à être l'instrument le plus essentiel afin de civiliser les nations. Si j'étais un athée d'une autre secte, qui croit ou prétend croire que tout est commandé par le hasard, je devrais croire que le hasard a commandé aux Juifs de préserver et de propager à toute l'humanité la doctrine d'un souverain de l'univers, un souverain suprême, intelligent, sage et tout-puissant que je crois être le grand principe essentiel de toute morale, et par conséquent, de toute civilisation[156]. »

Samuel Langhorne Clemens, mieux connu sous son nom de plume, Mark Twain, reconnaît la distinction juive dans tous les domaines de l'entreprise humaine, mais, lui aussi, finit par réfléchir à la source de cette prééminence. « Si les statistiques sont exactes, les Juifs ne constituent qu'un pour cent de la race humaine. Cela évoque un faible souffle nébuleux de poussière d'étoiles perdu dans l'éclat de la Voie lactée. À proprement parler, on devrait à peine entendre parler du Juif, mais on entend parler de lui, on a toujours entendu parler de lui. Il est aussi connu sur la planète que tout autre peuple et son importance commerciale est incroyablement démesurée en regard de la petitesse de sa masse. Sa contribution à la liste des personnes éminentes en littérature, en sciences, dans les arts, la musique, les finances, la médecine et les études occultes est aussi disproportionnée en regard de la faiblesse de son nombre. Il a combattu merveilleusement dans ce monde, à toutes les époques, et ce même les mains attachées dans le dos. Il pourrait être fier de lui-même et en être excusé.

« Les Égyptiens, les Babyloniens et les Perses s'élevèrent, remplirent la planète de tumulte et de splendeur, puis devinrent un rêve et s'éteignirent ; les Grecs et les Romains suivirent et firent un vacarme immense, mais ils n'existent plus. D'autres peuples surgirent et tinrent leur flambeau très haut pendant un moment, avant que celui-ci ne s'éteigne ; ils sont à présent dans l'ombre, ou ils se sont évanouis. Le Juif les a tous vus, les a tous vaincus, et il est aujourd'hui ce qu'il a toujours été, ne montrant aucune décadence, aucune infirmité de vieillesse, aucun affaiblissement de ses organes, aucun ralentissement de son énergie, et aucun engourdissement de son esprit alerte et agressif. Toute chose est mortelle, sauf le Juif ; toutes les autres forces passent, mais il demeure. Quel est le secret de cette immortalité[157] ? »

Enfin, il y a ceux qui non seulement reconnaissent le caractère particulier des Juifs dans le sens spirituel (plus que dans le sens matériel), mais qui précisent aussi l'essence de cette spiritualité : l'unité. Ce fut le cas du premier ministre de Grande-Bretagne durant la Seconde Guerre mondiale, Sir Winston Churchill. Dans *Churchill et les Juifs*, l'auteur Martin Gilbert cite Churchill : « Les Juifs étaient une communauté chanceuse, car ils avaient cet esprit de collectivité, l'esprit de leur race et de leur foi. [Churchill] ne leur aurait pas [...] demandé d'utiliser cet esprit dans un sens étroit ou tribal, de se détacher des autres [...] loin de leur état d'esprit et de leur intention, loin des conseils de ceux qui étaient les plus en droit de conseiller. Cette force personnelle et spéciale qu'ils possédaient leur permettrait d'apporter de la vitalité à leurs institutions, que rien d'autre ne pourrait jamais leur donner. [Churchill croyait cela sincèrement]. Un Juif ne peut être un bon Anglais que s'il est un bon Juif[158]. »

Ainsi, nous pouvons voir que ce que les nations attendent des Juifs, ce n'est pas l'excellence en sciences, en finances, ou tout autre domaine mentionné ci-dessus. Ce que le monde attend de nous, c'est la *spiritualité*, à savoir *la capacité d'être en lien avec le Créateur*. C'est la seule chose que nous possédions et qu'aucune autre nation ne possède, ne possédait, ne peut posséder ou n'est censée posséder, à moins que nous ne la ranimions en nous et que nous la transmettions comme une lumière pour les nations. Tant que nous nous abstenons de mener à bien cette mission, l'ensemble des nations nous considérera comme superflus, sinon carrément nuisibles, et certainement, comme Ford le déclara, « Le plus important problème du monde ».

En disgrâce

Pour démontrer la mesure avec laquelle le monde

pourrait penser que nous sommes superflus, considérez les faits suivants : en 1938, Adolf Hitler était disposé à envoyer les Juifs allemands et autrichiens à l'étranger, à qui voudrait les recevoir. Personne ne les reçut. Hitler déclara qu'il pouvait « seulement espérer et s'attendre à ce que l'autre monde, celui qui a une sympathie si profonde pour ces criminels (Juifs), sera au moins assez généreux pour transformer cette sympathie en aide pratique. Nous (Allemagne nazie), pour notre part, sommes prêts à mettre tous ces criminels à la disposition de ces pays, que m'importe, même sur des bateaux de luxe[159]. »

Pourtant, les nations refusèrent à l'unanimité d'accueillir les Juifs. En juillet 1938, les représentants de la plupart des pays du monde libre se rassemblèrent à Évian-les-Bains, une station balnéaire sur la rive sud du superbe lac de Genève, en France. Leur objectif était de discuter et de trouver des solutions au « problème juif », à savoir les Juifs qui voulaient fuir l'Allemagne et l'Autriche avant qu'il ne soit trop tard. Les Juifs allemands et autrichiens avaient fondé beaucoup d'espoirs sur cette conférence. Ils croyaient que les pays participants chercheraient réellement à les aider et à leur offrir un refuge. Ils furent amèrement déçus.

Bien que les délégués de la conférence exprimèrent beaucoup d'empathie pour la détresse des Juifs sous le régime nazi, ils ne s'engagèrent à rien et ne proposèrent aucune solution. En lieu et place, ils présentèrent la conférence comme un simple début… qui n'eut jamais de suite. Les délégués déclarèrent, avec diplomatie, que « l'émigration involontaire de personnes en grands nombres s'est tant accrue, que cela rend les problèmes raciaux et religieux plus graves, augmente les troubles internationaux et pourrait sérieusement entraver le processus d'apaisement des relations internationales[160]. »

Cependant, puisque la conférence convoquée par le président américain Franklin D. Roosevelt se tint sous la condition préalable « qu'aucun pays ne serait forcé de modifier ses quotas d'immigration, mais pourrait plutôt se porter volontaire afin de les modifier », personne ne fut surpris que les résolutions de la conférence n'offrissent aux Juifs désespérés d'Allemagne et d'Autriche que très peu d'espoir.

Selon Yad Vashem, le Centre mondial de recherche sur l'Holocauste, de documentation, d'éducation et de commémoration, le mémorial officiel d'Israël aux victimes juives de l'Holocauste : « Alors que la conférence continuait, chaque délégué excusait son pays de ne pas pouvoir accepter de réfugiés supplémentaires. Le délégué des États-Unis, Myron C. Taylor, déclara que la contribution de son pays serait de rendre le quota d'immigration allemande et autrichienne, qui jusqu'à ce jour n'avait pas été atteint, entièrement disponible. Le délégué britannique déclara que leurs territoires d'outre-mer étaient en grande partie inappropriés pour un établissement européen, à l'exception de certaines régions d'Afrique de l'Est qui pourraient offrir des possibilités à un nombre limité. La Grande-Bretagne elle-même, étant entièrement peuplée et accablée par le chômage, n'était pas, elle non plus, ouverte à l'immigration… et la Palestine fut entièrement exclue de la conférence d'Évian. Le délégué français déclara que la France avait atteint "le point extrême de saturation en ce qui concerne l'admission de réfugiés". Les autres pays européens firent écho à ce sentiment, avec de mineures variations. L'Australie ne pouvait encourager l'immigration de réfugiés parce que, dit-elle, "nous n'avons aucun véritable problème racial, nous ne sommes pas désireux d'en importer un." Les délégués de la Nouvelle-Zélande, du Canada et des pays d'Amérique latine servirent l'argument de la récession pour ne pas accepter de réfugiés. Seule la minuscule République dominicaine se dit prêtre à attribuer de grandes surfaces, bien que non précisées, pour une colonie agricole[162]. »

Quelques mois après la conférence, les portes se fermèrent et le sort de la communauté juive d'Europe fut scellé.

Antisémitisme déguisé

Bien que les atrocités de l'Holocauste aidèrent les colons juifs en Israël à obtenir de la reconnaissance et de la compassion — et que l'État juif d'Israël fut fondé en 1948 —, elles aidèrent très peu à déraciner l'antisémitisme. Au lieu de cela, l'antisémitisme acquit une nouvelle forme : « l'antisionisme ».

Il y a ceux qui soutiennent que l'antisionisme diffère de l'antisémitisme. Le Baal HaSoulam, au contraire, affirme que la haine des Juifs n'est que cela, peu importe la forme qu'elle prend. Dans son style concis et direct, il écrit : « C'est un fait qu'Israël est haï par toutes les nations, que ce soit pour des raisons religieuses, raciales, capitalistes, communistes ou cosmopolites. Il en est ainsi parce que la haine précède toutes les raisons, mais chaque personne résout son dégoût, simplement, selon sa propre psychologie[163]. »

Mais comme c'est souvent le cas avec les Juifs, nos meilleurs avocats viennent des nations. Environ un an après la guerre des Six Jours de 1967, l'écrivain américain Eric Hoffer, qui a reçu la Médaille présidentielle de la Liberté, et en l'honneur duquel le prix Eric Hoffer a été créé, a publié une lettre ouverte dans le *Los Angeles Times*. C'est peut-être parce que M. Hoffer n'était pas Juif qu'il a pu écrire avec tant de candeur sur l'état des Juifs dans le monde.

« Les Juifs sont un peuple particulier », commence-t-il, « les choses permises à d'autres nations sont interdites aux Juifs. D'autres nations chassent des milliers, voire des millions de personnes, et il n'y a pas de problème de réfugiés. La Russie l'a fait, la Pologne et la Tchécoslovaquie l'ont fait. La Turquie a rejeté un million de Grecs et l'Algérie un million de Français. L'Indonésie a chassé Dieu sait combien de Chinois et personne ne dit un mot au sujet des réfugiés. Mais dans le cas d'Israël, les Arabes déplacés sont devenus des réfugiés éternels. Tout le monde insiste sur le fait qu'Israël doit reprendre chacun des Arabes ».

(L'historien britannique) Arnold Toynbee qualifie le déplacement des Arabes comme une atrocité plus grande que n'importe laquelle commise par les nazis.

« D'autres nations, quand elles sont victorieuses sur le champ de bataille, dictent leurs conditions de paix. Mais quand Israël est vainqueur, il doit demander la paix. Tout le monde s'attend à ce que les Juifs soient les seuls vrais chrétiens en ce monde ».

« D'autres nations, quand elles sont défaites, survivent et se rétablissent, mais si Israël devait être défait, il serait anéanti. Si Nasser (président d'Égypte au cours de la guerre des Six Jours) avait triomphé en juin dernier, il aurait effacé Israël de la carte et personne n'aurait levé le petit doigt pour sauver les Juifs. Aucun engagement envers les Juifs, quel que soit le gouvernement, y compris le nôtre (gouvernement américain), ne vaut le papier sur lequel il est écrit ».

« Il y a un cri d'indignation partout dans le monde lorsque des gens meurent au Vietnam ou que deux noirs sont exécutés en Rhodésie. Mais quand Hitler massacra les Juifs, personne ne s'opposa à lui. Les Suédois, qui sont prêts à rompre les relations diplomatiques avec l'Amérique, à cause de ce que nous avons fait au Vietnam, n'ont pas levé le petit doigt quand Hitler massacrait les Juifs. Ils envoyaient à Hitler le meilleur minerai de fer et des roulements à billes, et ils entretenaient ses trains pour le transport de troupes jusqu'en Norvège ».

« Les Juifs sont seuls au monde. Si Israël survit, ce sera uniquement grâce aux efforts juifs et aux ressources juives. Pourtant, en ce moment, Israël est notre seul allié fiable et sans condition. Nous pouvons davantage compter sur Israël qu'Israël peut compter sur nous. De plus, il suffit d'imaginer ce qui serait arrivé l'été dernier si les Arabes et leurs alliés russes avaient gagné la guerre pour se rendre compte à quel point la survie d'Israël est vitale pour l'Amérique et l'Occident en général ».

« J'ai un pressentiment qui ne me quitte pas : il en va d'Israël comme il en ira de nous tous. Si Israël devait périr, l'Holocauste serait sur nous[164]. »

Un autre remarquable exemple de sympathie concerne cette fois le débat quant à savoir si celui qui s'oppose au sionisme s'oppose également aux Juifs. Voici les paroles extraordinaires du révérend Martin Luther King Jr., qui, dans une lettre à un ami, plaide pour les Juifs en général, et pour l'État juif en particulier. Son éloquence est telle que le ministère des Affaires étrangères d'Israël ne peut que la lui envier.

Voici la « Lettre à un ami antisioniste » de Martin Luther King: « Tu déclares, mon ami, que tu ne hais pas les Juifs, que tu es simplement antisioniste. Moi je dis : laissez la vérité retentir des hauts sommets des montagnes, laissez-la résonner à travers les vallées de la terre verte de Dieu ; quand les gens critiquent le sionisme, ils veulent dire les Juifs, c'est la propre vérité de Dieu ».

« L'antisémitisme, la haine du peuple juif, a été et reste une tache sur l'âme de l'humanité. En cela, nous sommes entièrement d'accord. Sache donc aussi cela : l'antisioniste est par sa nature antisémite et il en sera toujours ainsi ».

« Pourquoi est-ce ainsi ? Vous savez que le sionisme n'est rien de moins que le rêve et l'idéal du peuple juif de retourner vivre dans son propre pays. Le peuple juif, nous disent les Écritures, jouissait d'une florissante communauté en Terre sainte. Ils en ont été expulsés par le tyran romain, le même Romain qui a cruellement assassiné notre Seigneur. Chassé de sa patrie, sa nation en cendres, forcé d'errer dans le monde, le peuple juif a subi, maintes fois, le fouet de n'importe quel tyran qui se mit à régner sur eux ».

« [...] Il devrait être très facile, pour quiconque chérit ce droit inaliénable de toute l'humanité, de comprendre et de soutenir le droit du peuple juif à vivre dans leur ancienne terre d'Israël. Tous les hommes de bonne volonté se réjouiront d'accomplir la promesse de Dieu, que Son peuple retourne dans la joie et reconstruise son pays pillé. C'est cela le sionisme, ni plus, ni moins ».

« Et qu'est-ce que l'antisionisme ? C'est dénier au peuple juif un droit fondamental, que nous réclamons à juste titre pour les peuples d'Afrique et accordons librement à toutes les autres nations du globe. C'est de la discrimination envers les Juifs, mon ami, parce qu'ils sont Juifs. En bref, c'est de l'antisémitisme ».

« L'antisémite se réjouit, à toute occasion, d'exprimer sa malveillance. Les temps ont rendu impopulaire, à l'Ouest, de proclamer ouvertement la haine des Juifs. Ceci étant, l'antisémite doit constamment rechercher de nouvelles tournures et tribunes pour son poison. Combien se réjouit-il de la nouvelle mascarade ! Il ne hait pas les Juifs, il est seulement “antisioniste” ! »

« Mon ami, je ne t’accuse pas d’antisémitisme délibéré. Je sais que tu ressens, comme moi-même, un profond amour pour la vérité et la justice, du dégoût pour le racisme, les préjugés et la discrimination. Mais je sais que tu as été trompé, comme d’autres l’ont été, en pensant que tu peux être “antisioniste” tout en restant fidèle à ces principes sincères, que toi et moi partageons. Que mes paroles résonnent dans les profondeurs de ton âme : quand les gens critiquent le sionisme, ils veulent dire les Juifs — ne te méprends pas à ce sujet[165] ».

Depuis environ le tournant du siècle, nous sommes témoins d’une croissance de l’antisémitisme dans le monde entier. Un rapport exécutif publié par le Département d’État américain confirme que « La fréquence et la gravité des incidents antisémites depuis le début du XXIe siècle [...] ont contraint la communauté internationale à se concentrer sur l’antisémitisme avec une vigueur renouvelée [...] Ces dernières années, les incidents ont été plus reliés, dans leur nature, à des malfaiteurs qui semblent avoir l’intention bien arrêtée d’attaquer les Juifs et le judaïsme. »[166]

Dans certains cas, il y a de l’antisémitisme là où il n’y a pas de Juifs du tout ! Un rapport intitulé « L’antisémitisme sans Juifs » de l’écrivain, éditeur et photographe Ruth Ellen Gruber, affiche la fréquence de l’antisémitisme en Europe, même là où il n’y a aucun Juif. Selon Gruber, « On m’a demandé de discuter du phénomène de “l’antisémitisme sans Juifs” en termes historiques, mais également dans le cadre de ce qu’on a appelé le “nouvel antisémitisme” qui s’est manifesté en Europe , et ailleurs aussi [...] Je dois dire que je ne me sens pas vraiment à l’aise avec le terme “nouvel antisémitisme”. Comme le *Jewish Chronicle* de Londres l’a écrit dans un éditorial l'année dernière, l'antisémitisme a le "sommeil léger", facile à réveiller. Il est aussi souvent considéré comme un virus, un virus protéiforme qui, comme des virus pathogènes dans le corps humain, est capable de muter de façon opportuniste pour vaincre toute défense — ou anticorps — développée contre lui. Il l'a fait à plusieurs reprises, même dans les pays post-Holocauste dont la population juive est pratiquement invisible, et il le fait maintenant[167]. »

Peut-être moins saisissant, mais toujours inquiétant, le phénomène de l'antisémitisme officiel de la Malaisie. Le 6 octobre 2012, Robert Fulford du quotidien canadien *National Post*, a publié un article sur l'antisémitisme de la Malaisie, en précisant qu'en Malaisie : « Les politiciens et les fonctionnaires consacrent un temps surprenant à penser à Israël, éloigné de 7612 km. Parfois, ils semblent en faire une fixation. La Malaisie n'a jamais eu de différend avec Israël, mais le gouvernement encourage les citoyens à haïr Israël et à haïr les Juifs, qu'ils soient Israéliens ou non[168]. »

« Peu de Malaisiens ont posé les yeux sur un Juif, la minuscule communauté juive a émigré il y a des décennies, écrit Fulford. Néanmoins, la Malaisie est devenue l'exemple d'un phénomène appelé "l'antisémitisme sans Juifs". En mars dernier, par exemple, le Département fédéral d'Affaires territoriales islamiques a envoyé un sermon officiel, devant être lu dans toutes les mosquées, qui affirmait que "les musulmans doivent comprendre que les Juifs sont le principal ennemi des musulmans, comme le prouvent leur comportement égoïste et les meurtres qu'ils ont commis." »

« À Kuala Lumpur, il est devenu routinier de blâmer les Juifs pour tout, depuis les crises économiques jusqu'à la mauvaise presse que la Malaisie reçoit dans des journaux étrangers (“appartenant à des Juifs”)[169]. »

Il est évident que même l’Holocauste n’a pas changé l’esprit des gens en ce qui concerne les Juifs. Comme je l’ai écrit dans l’avant-propos de ce livre, « depuis le tournant du siècle, l’antisémitisme est en hausse une fois de plus, cette-ci fois dans le monde entier. Le spectre de la haine des Juifs a pris racine dans le monde entier. » La sympathie que nous avons reçue au lendemain de la Seconde Guerre mondiale n’a évidemment été que de courte durée ; aujourd’hui, une nouvelle vague d’antisémitisme, plus grande que jamais, se dessine à l’horizon.

Au chapitre 2, nous avons cité les paroles de Rabbi Nathan Shapiro : « Il y a quatre forces dans l’homme — minéral, végétal, animé et parlant — et Israël en possède même une autre, une cinquième part : le parlant Divin[170]. » Si nous gardons à l’esprit que le but de la création est que *tout le monde* atteigne ce dernier degré, qu’Israël seul possède et qu’Abraham avait l’intention de donner à *tous* ses compagnons babyloniens, nous verrons que ce que nous devons donner au monde est une chose très simple, l’attribut du don, comme le veut la maxime « Tu aimeras ton prochain comme toi-même. » Quand l’égoïsme se développe partout dans le monde, cet attribut est le seul remède qui puisse prévenir un affrontement global aux proportions sans précédent.

Les Juifs, par conséquent, doivent raviver ce trait en eux — en tant qu’individus et en tant que nation —, et ouvrir la voie à l’humanité entière. En fait, l’acquisition de l’attribut du don équivaut à la révélation du Créateur à travers l’équivalence de forme. Malheureusement, comme le démontre le chapitre suivant, nous tentons souvent d’éviter cette mission, soit parce que nous n’en sommes pas conscients, soit parce que nous n’en avons aucun désir. Ainsi, au lieu d’embrasser notre vocation et de paver une voie lumineuse pour l’ensemble de l’humanité, nous essayons de nous assimiler jusqu’à l’extinction et de nous comporter comme toutes les autres nations.

Chapitre 7

Voix assimilées

(Être Juif ou ne pas l'être, là est la question)

L'une des prières les plus importantes de Yom Kippour (Jour du Grand Pardon) est connue sous le nom de *Maftir*[171] *Yonah* (Jonas). C'est une prière au cours de laquelle l'ensemble du livre de Jonas est lu. L'histoire du prophète Jonas symbolise, plus que tout, l'ambivalence de notre peuple eu égard à son rôle dans le monde.

Certes, ce n'est pas une tâche agréable d'être le rabat-joie éternel. Même au sein de notre propre nation, rarement les prophètes l'ont eu facile ou ont été traités avec gratitude pour nous avoir épargné tant de calamités et de souffrances. Pourtant, les prophètes ont toujours rempli leurs tâches. Ils étaient contraints de le faire, de crainte du châtiment qui se serait sinon abattu sur leurs frères innocents ; ils ne pouvaient donc pas garder le silence.

Jonas fit de son mieux pour éviter sa mission. Il cacha son identité en tant qu'Hébreu et embarqua sur un navire qui faisait voile vers Tarsis, loin de Ninive, où le Créateur lui avait dit de prophétiser. Mais comme nous le savons, le Créateur le trouva sur le bateau. Les marins découvrirent son identité et le jetèrent par-dessus bord. Il fut ensuite torturé dans les entrailles d'un poisson. Enfin, après s'être repenti (en priant depuis les entrailles du poisson), il se rendit à Ninive et prophétisa. Grâce au repentir de Jonas, les habitants de Ninive apprirent les corrections qui étaient exigées d'eux et ils les exécutèrent ; la ville fut ainsi épargnée et ses habitants pardonnés.

Il est intéressant de savoir que Ninive n'était pas une ville d'Hébreux. C'était la ville la plus peuplée de l'empire assyrien et un carrefour commercial prospère. Pourtant, le Seigneur ordonna à Jonas d'aller y prophétiser afin qu'ils puissent améliorer leur conduite et s'éviter des souffrances. Ceci, à nouveau, indique que le chemin de la correction et de l'atteinte du Créateur n'a pas été conçu pour les Juifs seuls, mais pour l'ensemble de l'humanité. Il est très symbolique que nous lisions cette histoire le jour le plus juif de l'année, *Yom Kippour*, le Jour du Grand Pardon.

Ainsi, l'histoire de Jonas illustre parfaitement le dilemme du peuple juif à travers les générations. D'une part, nous sommes le peuple élu, destiné à montrer le chemin de la lumière à toutes les nations. D'autre part, nous essayons résolument — et en vain — d'éviter notre destin parce que le message de la garantie mutuelle et de l'unité, que nous apportons, déplaît à l'ego de nos interlocuteurs ; c'est que nous sommes tous nés égocentriques et que nous voulons le rester.

Lorsque les Juifs revinrent de l'exil de Babylone pour construire le Second Temple, ceux qui restèrent derrière s'assimilèrent si profondément dans leurs pays d'accueil qu'ils disparurent complètement. Il est écrit dans *L'Encyclopédie juive*[172] qu'une fois libérés de la captivité de Babylone, les Juifs se propagèrent graduellement vers la Syrie, l'Égypte et la Grèce, principalement comme esclaves, mais comme ils avaient un mauvais rendement, ils n'eurent donc pas de mal à être rachetés et libérés.

« D'ailleurs, nous informe *L'Encyclopédie juive*, en raison de l'étroite solidarité, qui est l'un des traits durables des Juifs, ils n'avaient aucune difficulté à trouver des coreligionnaires disposés à payer le montant de leur rançon[173]. [...] Toutefois, poursuit l'encyclopédie, une fois affranchis, au lieu de retourner en Palestine, ils demeuraient en général dans le pays de leur esclavage antérieur, et là, en partenariat avec leurs frères confessionnels, ils établirent des communautés. Selon le témoignage officiel de Philon d'Alexandrie dans *Légation à Caius* (*Legatio ad Caium*, § 23), la communauté juive de Rome devait son origine aux prisonniers de guerre libérés[174]. » De Rome, les Juifs se sont propagés à travers le reste de l'Europe.

Cependant, une fois libérés de Babylone, la minorité des Hébreux qui retournèrent en terre d'Israël devinrent ce que nous connaissons aujourd'hui comme « le peuple juif ». Après la ruine du Second Temple, eux aussi voulurent s'assimiler. Pourtant, contrairement à leurs anciens frères, les Juifs qui ont été exilés de Jérusalem et de Judée n'ont jamais été autorisés par les nations à s'assimiler au point de disparaître. Si cela s'était produit, la mission pour laquelle les Juifs existent — la révélation du Créateur au reste des nations — aurait échoué.

C'est peut-être pourquoi, des historiens et des théologiens remarquables ont écrit des choses similaires à ceux du professeur émérite en études juives à l'Université du Pays de Galles, Dan Cohn-Sherbok: « Le paradoxe de la vie juive est que la haine et la survie du peuple juif ont été intimement liées pendant des milliers d'années et que, sans l'antisémitisme, nous serions condamnés à l'extinction[175]. »

En effet, malgré des tentatives souvent désespérées de

nous mêler et de nous assimiler, notre patrimoine nous a toujours été rappelé. Ainsi, soit nous avons été rudement ramenés au judaïsme, soit nous sommes restés des parias au sein de nouvelles religions. Aujourd'hui, beaucoup de Juifs essayent toujours de se fondre dans leur culture d'accueil, mais malgré le succès apparent dans certains pays, l'histoire montre que cela n'a jamais réussi. De plus, le rôle des Juifs implique que cela ne réussisse jamais.

Des exemples particulièrement remarquables d'assimilation, puis de rejets, ont eu lieu en Espagne aux XIVe et XVe siècles, et en Allemagne, avant et pendant la Seconde Guerre mondiale (où l'Holocauste entraîna l'extermination de la quasi-totalité des Juifs d'Europe.) Bien que beaucoup de choses aient été dites et écrites sur ces deux époques de l'histoire juive, il est intéressant de noter certaines similitudes ; elles pourraient indiquer une tendance à la répétition que nous ferions bien d'utiliser comme présage. Nous allons aborder ces périodes une à une avant de conclure par des réflexions sur la plus importante communauté juive actuellement hors d'Israël, celle des États-Unis.

L'Espagne, une tragique histoire d'amour

Flavius Josèphe écrivit sur l'accueil chaleureux que les expatriés de Judée reçurent en Syrie et à Antioche après leur expulsion par les Romains. Les Juifs étaient « très mêlés », écrit-il, et vivaient « dans la plus grande tranquillité[176.] » Il a également écrit sur la façon dont l'empereur romain, Titus Flavius, « les chassa de toute la Syrie[177]. » Dans *Antiquités judaïques*, il a cité Strabon, le géographe grec, en disant : « Ce peuple a déjà fait son chemin dans chaque ville et il n'est pas facile de trouver une place quelconque, dans le monde habitable, qui n'ait reçu cette nation et dans laquelle elle n'ait fait sentir sa force[178.]. »

La façon dont les Juifs sont d'abord accueillis chaleureusement, puis rejetés, puis accueillis à nouveau, puis repoussés une fois de plus — si ce n'est tout à fait détruits —, s'est répétée à plusieurs reprises depuis la ruine du Premier Temple[179]. Comme on l'a déjà rapporté, les Juifs exilés du Premier Temple qui choisirent de se répandre hors de Babylone, une fois libérés, réussirent à s'assimiler jusqu'à disparaître. Toutefois, bon nombre des Juifs qui ont été exilés après la ruine du Second Temple, sinon la plupart, sont encore reconnus comme tels par leur patrimoine, si ce n'est par une certaine pratique.

Il y a eu de nombreuses tentatives de convertir les Juifs à l'islam ou au christianisme. Eux-mêmes le souhaitant bien souvent, ils ont essayé de se convertir activement. Pourtant, dans la plupart des cas, ces efforts échouèrent ou n'eurent que très peu de succès.

Le professeur et chercheur en histoire juive de l'Université du Wisconsin, Norman Roth, présente à la fois les tentatives des Juifs de se convertir en masse et les conséquences tragiques qui en résultèrent. Dans *Les Juifs, les Wisigoths et les musulmans dans l'Espagne médiévale: coopération et conflit*, il écrit : « Aux XIVe et XVe siècles, des milliers de Juifs se convertirent au christianisme, principalement de leur propre gré et non sous la contrainte. Le rôle de ces *conversos* (Juifs convertis au christianisme) dans la société mena à une hostilité féroce contre eux au XVe siècle, pour aboutir, finalement, à une guerre réelle. Pour une première fois dans l'histoire, l'antisémitisme racial apparaissait à grande échelle. Les lois de *limpieza de sangre* (pureté du sang) furent alors décrétées (distinguant les vieux chrétiens « purs » de ceux ayant des ancêtres musulmans ou juifs). Enfin, l'Inquisition fut relancée au milieu de fausses accusations de "mauvaise foi" attribuée aux *conversos,* et on en brûla plus d'un. Rien de tout cela, cependant, n'avait à voir avec les Juifs ; la plupart ont poursuivi leurs vies et leurs relations normales avec les chrétiens, comme auparavant[180]. »

En effet, non seulement les Juifs qui conservèrent leur foi ne furent pas compromis, mais ils entretinrent même un lien unique avec leurs hôtes espagnols. Selon Roth, « La nature de cette relation (entre Juifs et chrétiens) était si inhabituelle, on pourrait même dire unique, qu'un terme spécial est utilisé en espagnol pour la nommer, un terme qui n'a pas de traduction exacte dans d'autres langues : *convivencia* [qui signifie à peu près "vivre ensemble en bonne intelligence"]. En vérité, l'ampleur réelle de la *convivencia* en Espagne chrétienne médiévale n'a pas encore été entièrement révélée[181.] ».

L'étude de Roth souligne que tant que les Juifs sont demeurés fidèles à leur héritage et n'ont pas tenté de s'assimiler aux cultures étrangères, ils ont été invités à rester, ou du moins laissés en paix. Et ce, plus particulièrement en Espagne, à une époque où l'hospitalité et l'intensité de la relation tenaient vraiment de l'histoire d'amour, avec toutes les épreuves et les malheurs que les grandes histoires d'amour impliquent. Toutefois, lorsque les Juifs essayèrent de se mêler aux autres nations et de devenir comme elles, les nations les rejetèrent et les obligèrent à revenir au judaïsme, ou bien elles les forcèrent à se convertir, mais de manière humiliante et contraignante.

Jane S. Gerber, experte en histoire sépharade à l'Université de la Ville de New York, détaille avec éloquence la mesure selon laquelle les Juifs et les *conversos* d'Espagne plongèrent dans la vie séculière et culturelle de l'Espagne (les italiques sont celles de l'éditeur) : « Profondément enracinés dans la péninsule ibérique depuis l'aube de leur dispersion, écrit Gerber, ces Juifs avaient nourri un amour ardent pour l'Espagne et ressentaient une profonde loyauté envers son langage, ses régions et ses *traditions* [...] En fait, *l'Espagne était considérée comme une seconde Jérusalem.*

Lorsque le décret d'expulsion du roi Ferdinand et de la reine Isabelle fut promulgué le 31 mars 1492, ordonnant aux 300 000 Juifs d'Espagne de partir dans les quatre mois, les sépharades réagirent avec stupeur et incrédulité. Certes, ressentaient-ils, *l'importance de leur peuple dans tous les domaines de la vie, la longévité considérable de leurs communautés [...] et la présence de tant de Juifs et de chrétiens d'origine juive (conversos) dans les cercles intérieurs de la cour, des municipalités et même de l'Église catholique*, pourraient fournir une protection et éviter le décret.

« [...] Les Juifs espagnols étaient particulièrement fiers de leur longue lignée de poètes, dont [...] les poèmes étaient encore récités. Leurs philosophes avaient eu une influence, même parmi les savants de l'Occident, leurs grammairiens innovateurs avaient gagné une place durable en tant que pionniers de la langue hébraïque, et leurs mathématiciens, savants et innombrables médecins jouissaient d'une bonne renommée. L'ingéniosité et *le service public des diplomates sépharades avaient également rempli les annales de nombreux royaumes musulmans*. En fait, *ils n'avaient pas seulement résidé en Espagne ; ils avaient coexisté, côté à côte, avec les musulmans et les chrétiens, en prenant la notion de vivre ensemble (la convivencia) avec le plus grand sérieux* ».

« L'expérience des sépharades soulève la question de l'acculturation et de l'assimilation plus qu'aucune autre communauté juive ne l'a fait. Pendant de nombreux siècles, *la civilisation juive a emprunté librement à la culture musulmane environnante* [...] Alors que les persécutions accablaient les sépharades en 1391, qu'ils ne pouvaient choisir qu'entre la conversion ou la mort, le nombre de convertis dépassa le nombre considérable de martyrs. La nouveauté même de cette conversion en masse, unique à l'expérience juive, a incité des érudits à rechercher la causalité du *haut degré d'acculturation atteint par les sépharades*[182]. »

Pourtant, ce ne fut pas l'acculturation qui poussa les Espagnols à se retourner contre les Juifs. Ce fut plutôt l'abandon par les Juifs de la cohésion sociale et de la garantie mutuelle, des traits qui, en bonne partie, leur avaient inconsciemment valu l'estime de leur pays d'accueil. « Des commentateurs de l'époque médiévale, poursuit Gerber, aimaient tout particulièrement rendre l'acculturation juive responsable de *l'effondrement de la discipline collective*. De plus, quelques-uns des plus grands historiens juifs modernes, comme Isaac Bär, ont cité l'effet corrosif de la philosophie averroïste et le cynisme de la classe courtisane juive d'Espagne. Mais dans la vague de conversions massives et de *conflits communautaires aigus, ce ne furent pas seulement les philosophes qui succombèrent face à la persécution*[183]. » Ce fut, au contraire, toute la communauté.

Ainsi, les Juifs furent tourmentés et ils furent finalement expulsés d'Espagne parce qu'ils étaient devenus trop désunis. Qu'ils en aient été conscients ou non, ils avaient oublié les pouvoirs et le bénéfice que l'unité pouvait leur apporter, ce que nos sages avaient enseigné à nos ancêtres depuis des générations. *Le Livre du Zohar* décrit la panacée que représente l'unité: « Parce qu'ils vivent au rythme d'un seul cœur et d'un seul esprit [...] ils ne manqueront pas d'accomplir ce qu'ils sont censés réaliser et personne ne peut les en empêcher[184]. »

Mais *Le Livre du Zohar*, qui refit surface en Espagne quelques siècles avant l'expulsion, ne pouvait pas sauver les Juifs. Ils étaient tout simplement trop culturellement et spirituellement assimilés pour s'unir et mener à bien leur mission ; être une lumière pour les nations. De plus, comme ils ne voulaient pas modifier leur conduite de leur propre gré, la loi naturelle du don, le Créateur, le fit à travers leur entourage : les Espagnols chrétiens vers qui les Juifs se tournaient.

L'auteur humaniste anglais Michael Grant, professeur à l'Université de Cambridge, a observé l'incapacité des Juifs à se mêler aux autres : « Non seulement les Juifs n'étaient pas assimilés, mais ils étaient inassimilables [...] La démonstration qu'il en est ainsi fait la lumière sur l'un des tournants les plus importants de l'histoire grecque, et ce, en raison de l'énorme influence exercée à travers les âges par leur religion, qui non seulement demeura intacte, mais donna par la suite naissance au christianisme[185]. »

De même, au XVIIIe siècle, l'évêque Thomas Newton écrivit à propos des Juifs : « La préservation des Juifs est vraiment l'un des actes les plus illustres et les plus notoires de la Providence divine... et quoi d'autre qu'un pouvoir surnaturel aurait pu les préserver de telle manière qu'aucune autre nation sur terre n'a été préservée. La providence de Dieu n'est pas moins remarquable dans la destruction de leurs ennemis que dans leur préservation [...] Nous voyons que les grands empires, qui chacun à leur tour soumirent et opprimèrent le peuple de Dieu, se sont tous effondrés [...] Si cela fut le sort fatidique des ennemis et des oppresseurs des Juifs, que cela serve d'avertissement à tous ceux qui, à tout moment ou à n'importe quelle occasion, cherchent à soulever une clameur ou à déclencher des persécutions contre eux[186]. »

Du fait que les Juifs représentent en ce monde la part

de l'âme d'Adam qui a réalisé l'unité des cœurs, et ainsi la connexion avec le Créateur (voir chapitre 4), et du fait que leur rôle spirituel est de répandre cette unité et la connexion en résultant au reste des nations, les nations rejettent les tentatives des Juifs de leur ressembler. Ce n'est pas un acte conscient, mais c'est une impulsion compulsive qui leur provient de l'idée même de la Création. Les malfaiteurs en prennent rarement conscience, mais ils l'exécutent immanquablement.

Un incident remarquable, où la pensée de la Création vint à la conscience du malfaiteur, a eu lieu par une nuit funeste et tragique en 1492. Dans *Le Juif dans le monde médiéval: une anthologie: 315-1791*, le spécialiste de l'histoire juive, Rabbi Jacob Rader Marcus, détaille les événements qui ont eu lieu : « L'accord leur permettant (aux Juifs) de rester dans le pays (l'Espagne) moyennant une grosse somme d'argent était presque terminé… quand il fut contrecarré par l'intervention d'un père supérieur qui était nommé le Prieur de Santa Cruz. (La légende raconte que Torquemada, Prieur du couvent de Santa Cruz, s'indigna, portant haut le crucifix et s'adressant au roi et à la reine: « Judas Iscariote vendit son maître pour trente pièces d'argent. Votre Altesse le vendrait à nouveau pour trente mille. Il est ici, emmenez-le, et jetez-le au loin[187]. ») Ce qui se passa ensuite illustre que, quoi qu'il arrive, les Juifs sont obligés d'être ce qu'ils sont et de faire ce qu'ils doivent. « La reine répondit alors aux représentants des Juifs, dans les mots du roi Salomon (Proverbes 21,1) : "Le cœur du roi est un courant d'eau dans la main de l'Éternel ; Il l'incline là où il veut." De plus, elle dit : "Croyez-vous que cela vous arrive de nous ? Le Seigneur a mis cette chose dans le cœur du roi[188]." »

En effet, les Juifs ne furent pas expulsés parce qu'ils avaient cessé de représenter une valeur économique pour les Espagnols. Les Juifs étaient reconnus comme un atout économique depuis des siècles. En fait, quand ils ont été chassés d'Espagne, beaucoup d'entre eux ont fui en Turquie, qui les accueillit précisément *à cause* de leur contribution à l'économie de leur pays d'accueil. En conséquence, le sultan ottoman, Bayezid II, était si ravi de l'expulsion des Juifs d'Espagne et de leur arrivée en Turquie qu'il aurait ironiquement remercié Ferdinand de lui envoyer quelques-uns de ses meilleurs sujets, appauvrissant ainsi ses propres terres tout en enrichissant les siennes[189]. Une autre source rapporte que lorsque le roi Ferdinand était mentionné en présence de Bayezid, celui-ci disait : « Comment pouvez-vous considérer le roi Ferdinand comme un souverain sage, alors qu'il a appauvri son pays et enrichi le nôtre[190] ? »

À maintes reprises, nous constatons que ce n'est pas notre perspicacité qui nous accorde la faveur des nations. C'est plutôt notre unité, car notre unité projette la lumière sur elles, ou plutôt le plaisir qu'elles étaient destinées à recevoir à travers nous, dans la pensée de la Création. Le rabbin Hillel Zeitlin, écrivain et penseur, le formula en ces termes : « Si Israël est le seul vrai rédempteur du monde entier, il doit être apte à cette délivrance. Israël doit d'abord sauver son âme en propre [...] Mais comment va-t-il racheter son âme ? [...] Est-ce que la nation, qui est en ruines à la fois matériellement et spirituellement, deviendra une nation entièrement composée de rédempteurs ? [...] À cette fin, je souhaite rétablir par ce livre l'unité d'Israël [...] Si elle est fondée, l'unification des individus se fera dans le but d'une ascension intérieure et d'une invocation pour les corrections de tous les maux de la nation et du monde[191] ».

En effet, même si nous prétendons à tous les prix Nobel d'ici la fin des temps, pour tout le bénéfice que les réalisations scientifiques apportent à l'humanité, nous ne recevrons aucun crédit autre que l'aversion. Nous pouvons produire les meilleurs médecins, les plus illustres économistes, les savants les plus brillants et les entrepreneurs les plus innovants, jusqu'à ce que nous produisions la lumière, l'énergie que nous dégageons dans l'unité, les nations ne nous accepteront jamais et nous ne justifierons jamais notre existence sur cette planète.

L'Allemagne nazie : une atrocité au-delà des mots

Comme souligné plus tôt dans ce chapitre, un autre exemple notable de l'assimilation juive et de son rejet a eu lieu en Allemagne, avant et pendant la Seconde Guerre mondiale. Les conséquences horribles de l'événement qui a eu lieu en Allemagne ont été soigneusement examinées et analysées, et il n'y a pas grand-chose à ajouter relativement à ce qui s'est passé. Ce que nous devrions relever, cependant, c'est la répétition des mêmes causes qui amènent à l'Inquisition espagnole et à l'expulsion de l'Espagne.

Historiquement, les Juifs allemands ne jouissaient pas d'une liberté et d'une sympathie dans leurs duchés et leurs villes d'accueil qui puissent se comparer à celles des Juifs d'Espagne. Au contraire, ils ont erré de ville en ville pendant des siècles, habitant là où on leur en donnait la permission, toujours victimes de restrictions et de discriminations des plus sévères. À certains moments, comme au temps des Croisades, ils subirent des persécutions, des expulsions, et même des massacres.

Pourtant, à partir du XVIe siècle, de pair avec la Renaissance, les Juifs en Allemagne jouirent d'une paix relative. Bien qu'aucune ville ni aucun duché ne leur aient accordé le statut ou la citoyenneté qui échoyaient aux citoyens allemands, il leur était permis, plus ou moins régulièrement, de gérer leurs propres vies, séparés du reste de la société.

« Derrière les murs du ghetto, écrit Sol Scharfstein dans *Comprendre l'histoire juive : de la Renaissance au XXIe siècle*, en pratiquant leurs propres traditions et leur propre mode de vie, les Juifs ont résisté aux tempêtes des siècles qui ont suivi, aux luttes entre chrétiens, puis entre l'Église et les princes, sans oublier les guerres et les révolutions déclenchées par les nouvelles circonstances et les nouvelles idées ».

« [Le pape] Paul IV a fait valoir qu'il était insensé pour les chrétiens d'être amicaux avec un peuple qui n'avait pas accepté le Christ comme sauveur. Dans une bulle papale, il décréta que les Juifs vivant dans les zones contrôlées par l'Église devaient être enfermés dans des ghettos. Ils seraient autorisés à quitter le ghetto durant la journée pour aller travailler, mais il leur était interdit d'être à l'extérieur à d'autres moments. Les portes du ghetto seraient fermées la nuit et aux fêtes chrétiennes. [Les portes étaient] surveillées par des gardes non-Juifs qui contrôlaient les allées et venues de ceux qui étaient emprisonnés à l'intérieur[192] ».

Mais contrairement à la croyance populaire, au début, les ghettos juifs n'étaient pas obligatoires. Ce n'est venu que plus tard, lorsque les Juifs étaient déjà concentrés dans leurs quartiers. L'historien de renom, Salo Wittmayer Baron, a écrit : « Les Juifs avaient moins de devoirs et plus de droits que la grande majorité de la population [...] Ils pouvaient se déplacer librement d'un endroit à l'autre, à quelques exceptions près, ils pouvaient épouser qui leur plaisait, ils avaient leurs propres tribunaux, et ils étaient jugés selon leurs propres lois. Même dans les cas où des non-Juifs étaient impliqués, un juge spécial nommé par le roi ou un haut fonctionnaire était en général de compétence, et non le tribunal local[193] ».

Quelques pages plus loin, le professeur Wittmayer Baron poursuit son récit : « La communauté juive jouissait d'une autonomie intérieure complète. Complexe, isolée, en un sens étrangère, elle était laissée à elle-même par l'État, plus sévèrement que la plupart des groupes de la société. Ainsi, la communauté juive d'avant la révolution relevait davantage de la compétence de ses propres membres que de celle de l'État fédéral moderne et des administrations municipales combinés (pertinent pour 1928, année de publication). L'éducation, l'administration de la justice entre Juifs, la fiscalité à des fins collectives et gouvernementales, la santé, les marchés, l'ordre public, tous tombaient sous la juridiction de leur collectivité. De plus, la communauté juive était la source d'un service social de qualité généralement supérieure à celle des non-Juifs.

« [...] Une phase de cette existence collective, généralement considérée par les Juifs émancipés comme un mal absolu, était le ghetto. Mais il ne faut pas oublier que le ghetto se développa de lui-même, suite à l'autonomie juive, et que ce n'est que plus tard que la législation est intervenue et qu'il est devenu obligatoire pour tous les Juifs de vivre dans un quartier séparé[194] ».

Ainsi, en comptant les uns sur les autres pour leur subsistance, les Juifs se sont rapprochés, ont cultivé leur propre littérature, et ont vécu pieusement et modestement. Une fois de plus, nous constatons que lorsque les Juifs se serrent les coudes, il ne leur est fait aucun mal. Une fois encore, nous voyons que lorsque les Juifs ne font pas le choix de la solidarité et de l'unité, les circonstances extérieures le leur imposent. Forcée ou non, c'est toujours l'unité qui assure leur sécurité.

Pourtant, malgré la protection que procure l'unité et le fait que les Juifs, comme le professeur Grant l'a noté, soient « inassimilables », dès que la porte s'ouvre et que les Juifs sont autorisés à sortir de leur ghetto, ils commencent à se mêler de la même manière qui attira sur eux des calamités en Espagne, à s'assimiler culturellement et, pire encore, *à se convertir*. En quelque sorte, nous semblons toujours oublier les paroles de nos sages, qui ont affirmé à plusieurs reprises : « Quand ils (Israël) ne font plus qu'un seul homme vivant au rythme d'un seul cœur, ils sont tel un mur fortifié contre les forces du mal[195]. » En effet, comme nous l'avons montré tout au long de ce livre, l'abandon de l'unité est ce qui a causé la ruine du Temple et la dispersion du peuple hors de sa terre — et, en fait, toutes les calamités qui ont frappé les Juifs depuis lors.

Alors que l'émancipation juive progressait et que les Juifs allemands étaient admis dans la société chrétienne allemande, ils s'éloignaient peu à peu de leurs racines spirituelles. Vers la fin du XVIIIe siècle, ils étaient si désireux d'être admis dans la société chrétienne qu'ils faisaient pratiquement n'importe quoi pour y être acceptés. Ainsi, selon les professeurs de culture et d'histoire juives, Steven J. Zipperstein de l'Université de Stanford et Jonathan Frankel de l'Université hébraïque de Jérusalem, en 1799, quelques années seulement après le début de l'émancipation juive, David Friedlander, l'un des dirigeants les plus éminents de la communauté juive, est allé même jusqu'à suggérer la conversion en masse des Juifs de Berlin au christianisme[196].

Mais même sans se convertir, les Juifs allemands étaient prêts à renoncer à tout ce que leurs ancêtres avaient tenu pour sacré. « Afin de prouver la loyauté absolue des Juifs à l'État et au pays, écrivent Zipperstein et Frankel, (les Juifs) étaient prêts à retirer des livres de prières toute référence à l'ancien espoir de revenir à l'antique patrie en Palestine et d'interpréter la dispersion des Juifs à travers le monde non pas comme l'exil, mais comme une valeur positive, comme le moyen pour les Juifs de porter le message de l'éthique monothéiste à toute l'humanité, comme une mission divinement ordonnée. Ainsi, le mouvement de réforme permit d'affirmer que les Juifs constituaient une communauté strictement religieuse dépouillée de tout attribut national, qu'ils étaient des Allemands (ou Polonais ou Français, selon le cas) de la "foi de Moïse". De cette façon, le judaïsme réformé est devenu le symbole, pour ainsi dire, d'un empressement pour échanger des croyances antiques contre l'égalité civile et l'acceptation sociale[197] ».

Le fait que les Juifs renoncent à la connexion à Sion, à la terre d'Israël, au désir du Créateur et à la loi du don, symbolise plus que tout à quel point les Juifs allemands s'étaient éloignés de leur patrimoine. Comme nous l'avons vu tant de fois, et comme nous l'apprenons des enseignements de nos sages tout au long de l'histoire, une fois que les Juifs abandonnent volontairement leur rôle, les nations mêmes au sein desquelles ils s'efforcent de se mêler les forcent à le reprendre.

Hélas, les Juifs allemands ne connaissaient pas ce fait. Ils étaient en exil, exclus de l'attribut du don, et ils en avaient oublié leur tâche. Ils ignoraient leur erreur — que dès qu'ils échangeaient l'unité pour l'acceptation parmi la société en général, ils mettaient leur avenir et celui de leurs enfants en danger. Alors que personne n'aurait pu prédire l'ampleur de l'horreur qui s'abattrait sur eux, le chemin était tracé, et leur conduite continuait de l'étayer.

De 1780 jusqu'en 1869, malgré plusieurs revers, l'émancipation des Juifs progressa graduellement.

Finalement, « La loi de l'égalité fut adoptée par le parlement de la Confédération d'Allemagne du Nord, le 3 juillet 1869. Avec l'extension de ce droit aux États unis au sein de l'Empire allemand, la lutte des Juifs d'Allemagne pour l'émancipation fut couronnée de succès[198] ».

Mais le prix de la réussite était l'abandon complet de tout ce qui avait gardé les Juifs ensemble. Selon Werner Eugen Mosse, professeur émérite d'histoire européenne à l'Université d'East Anglia, « En 1843, la première Société de réforme radicale, rejetant la circoncision et proposant le déplacement du sabbat juif au dimanche, vit le jour à Francfort [...] Au cours des deux ou trois décennies suivantes, le mouvement de réforme religieuse restructurait le service religieux dans la plupart des grandes communautés et se développait au sein du mouvement religieux libéral qui dominait la communauté juive allemande du XXe siècle.

« [...] La pression pour l'intégration sociale dans la société en général mena de nombreux Juifs à abandonner les pratiques qui, selon eux, élevaient des barrières dans les rapports sociaux (par exemple, les lois alimentaires), tandis que la nécessité d'être économiquement compétitif en força beaucoup à mener leurs affaires le samedi, lors du shabbat juif. En outre, de nombreux Juifs acculturés se trouvèrent repoussés de l'office juif traditionnel pour des raisons esthétiques[199] ».

« Un autre aspect de la réforme étroitement lié à l'éducation, poursuit le professeur Eugen Mosse, était la nouvelle cérémonie de confirmation. Cette cérémonie, basée sur des modèles chrétiens, visait à compléter (ou plus rarement remplacer) la bar-mitsva traditionnelle. Les filles et les garçons, en obtenant le diplôme de l'école religieuse, étaient soumis à un examen public oral basé sur la religion juive et étaient bénis par le rabbin, puis officiellement introduits au judaïsme[200] ».

Ainsi, tout comme en Espagne près de quatre siècles plus tôt, les Juifs réformés devenaient en fait des « Ashkenazi *conversos* ». Selon Donald L. Niewyk, professeur émérite d'histoire à la South Methodist University, « La grande majorité des Juifs étaient passionnément engagés dans le bien-être de leur seule patrie, l'Allemagne[201] ».

Tout comme en Espagne, quand la marée commença à se lever contre les Juifs et que l'antisémitisme commença à croître dans la République de Weimar, les Juifs étaient béatement inconscients des alarmes qui retentissaient. « Pour beaucoup, l'antisémitisme s'avéra un bienfait favorable, qui seul pouvait préserver les Juifs du mélange progressif avec une société plus étendue et de leur disparition finale en tant que groupe religieux distinct », raconte le professeur Niewyk[202]. Sans réaliser que de laisser les nations nous maintenir ensemble au lieu de le faire nous-mêmes a des conséquences inimaginables, le Dr Kurt Fleischer, le chef des libéraux à l'Assemblée de la Communauté juive de Berlin, fit valoir en 1929 que « l'antisémitisme est le fléau que Dieu nous a envoyé afin de nous rapprocher et de nous souder ensemble[203]. » Ici aussi, les paroles du professeur Cohn-Sherbok s'avèrent exactes : « Le paradoxe de la vie juive est que [...] sans l'antisémitisme, nous pourrions être condamnés à l'extinction[204.] » En effet, cette vérité est tragique.

Comme l'histoire l'a démontré, Hitler pensait lui aussi que le Créateur utilisait les nazis pour faire Son travail. Dans *Mein Kampf*, il écrivit des mots similaires à la déclaration susmentionnée d'Isabelle, reine d'Espagne, à propos du Seigneur punissant les Juifs par le biais du roi : « La Nature Éternelle se venge inexorablement de la violation de ses commandements. C'est pourquoi, aujourd'hui, je crois agir conformément à la volonté du Créateur Tout-Puissant : en me défendant contre le Juif, je me bats pour l'œuvre du Seigneur[205]. »

Le Créateur étant l'attribut de l'amour et du don, la sortie des Juifs hors de leurs ghettos consacra leur éloignement vis-à-vis de cet attribut. Par conséquent, au lieu d'apporter la solidarité et la responsabilité mutuelle à leurs sociétés d'accueil, ils répandirent l'égoïsme, lequel ruine toute société. Peu de temps après leur acceptation, ils se heurtaient donc à l'intolérance et à la répulsion. Le philosophe et anthropologue allemand, Ludwig Feuerbach, associa les Juifs à l'égoïsme de la manière suivante : « Les Juifs ont maintenu leur particularité jusqu'à ce jour. Leur principe, leur Dieu, est le principe le plus pratique au monde — à savoir l'égoïsme, et même plus, l'égoïsme sous la forme de religion. L'égoïsme est le Dieu qui ne permettra pas à ses serviteurs de connaître la honte. L'égoïsme est essentiellement monothéiste, car il ne possède qu'un seul et unique moi comme fin[206]. »

En effet, qui accueillerait une telle menace dans sa société ? C'est précisément cet égoïsme qui fait que chaque nation dans laquelle nous vivons repense, regrette, puis révoque son ouverture.

Aux temps anciens, la seule chose qui rendait les Juifs uniques et puissants était leur unité, leur altruisme ; et, comme nous l'avons mentionné, il s'agissait de la seule chose qu'Abraham et Moïse souhaitaient donner à l'humanité. Dans un premier temps, les nations nous accueillent chez elles en espérant inconsciemment que nous allons partager cet attribut avec eux. Mais après avoir découvert que nous leur donnons l'inverse, leur joie se transforme en désillusion et en colère. Tant que nous continuons à décevoir les nations, nous continuerons à recevoir le même traitement. De plus, la tendance montre que les moyens par lesquels ils manifesteront leur déception se feront encore plus cruels.

Le pays aux possibilités illimitées

Une fois ancré comme une force majeure en Allemagne, le judaïsme réformé se répandit aux États-Unis, en Hongrie et dans certains pays d'Europe de l'Ouest. C'était la conséquence de l'émancipation des Juifs allemands[207]. Un processus similaire de dispersion se produisit avec le judaïsme conservateur[208]. Ces deux formes de judaïsme sont devenues les forces religieuses prédominantes de la communauté juive aux États-Unis, au milieu des années 1800.

Dans *Réponse à la modernité : une histoire du mouvement de réforme dans le judaïsme*, le professeur Michael A. Meyer, du Hebrew Union College, écrit que si le judaïsme réformé en Allemagne devait constamment se défendre, à la fois contre institutions orthodoxes établies et contre l'intervention du gouvernement, ces obstacles n'existaient pas aux États-Unis. « Il est vrai qu'individuellement et collectivement les Américains n'étaient pas entièrement exempts de préjugés, ajoute Meyer, mais aux États-Unis, il n'y avait pas de contrôle gouvernemental sur la religion et aucune église traditionnelle officielle pour régler le mode de vie religieux[209] ».

Ainsi, les judaïsmes, réformé et conservateur, trouvèrent en Amérique un pays aux possibilités illimitées. L'état d'esprit qui tend au mélange avec l'hôte, en l'occurrence une société majoritairement chrétienne, avait finalement trouvé un terrain fertile pour se développer. Selon le professeur Meyer, « les Juifs allemands n'avaient jamais pu vraiment se sentir partenaires dans la formation du destin de la nation à laquelle ils s'étaient si fortement identifiés. Les États-

Unis allaient être différents à cet égard aussi. Comme les principales nations européennes, ils avaient un sens profond de leur vocation, mais cette dernière reposait sur un destin non seulement inachevé, mais qui n'était pas entièrement déterminé. En Amérique, les Juifs réformés ressentaient que leur propre conception de la vocation pourrait être liée à un projet national plus large, une mission qui restait encore à être clarifiée[210] ».

En effet, à l'exception évidente d'Israël, la contribution des Juifs à la formation d'une nation n'a jamais été plus importante qu'elle ne l'a été, et l'est toujours, aux États-Unis. Qu'il s'agisse d'économie, de divertissement, d'éducation, de politique, ou de tout autre aspect de la vie américaine, les Juifs y jouent un rôle majeur, si ce n'est dominant.

Jamais dans toute l'histoire, les Juifs n'ont été aussi bien placés pour remplir le rôle pour lequel ils ont été choisis. Ils sont intégrés dans toutes les sphères de la vie publique américaine et bien implantés dans tous les médias qui déterminent le débat et l'opinion publics. Compte tenu de la prépondérance de la culture américaine à travers le monde, les Juifs peuvent maintenant contribuer à un changement qui a un impact sur le monde entier.

Autrement dit, malgré l'opposition de nations puissantes vis-à-vis des États-Unis, la culture mondiale, et par conséquent les normes sociales, sont encore majoritairement américaines. Les films les plus populaires viennent des États-Unis, la musique pop vient principalement des États-Unis, les nouveaux débouchés commerciaux viennent principalement des États-Unis, et Internet est à la merci de sociétés américaines comme Google, Facebook, Microsoft et Apple. En un sens, l'Amérique est au monde ce que New York est à l'Amérique ; si vous réussissez là, vous réussirez n'importe où.

De toutes les autres communautés, à l'exception peut-être des Juifs de la communauté de l'État d'Israël, la communauté juive américaine est celle qui a le plus de responsabilités à l'égard des États-Unis et du reste du monde. Si la communauté juive américaine s'unit et transmet les valeurs de garantie mutuelle, le reste de la société américaine suivra. Aujourd'hui, de nombreux Américains comprennent que les principes sur lesquels reposait le rêve américain ne sont plus les piliers de vérités qu'ils étaient. Un égoïsme effréné et un sentiment que tout nous est toujours dû ont eu raison de tout ce qui était bien dans la liberté d'expression, l'esprit d'entreprise, le fait de travailler fort pour réussir, ainsi que la possibilité de vivre selon sa foi.

Il y a tant de violence, de méfiance, de concurrence et d'exploitation dans la société américaine que si un changement majeur n'arrive pas très bientôt, elle va s'effondrer. Si cela arrive, les Juifs, comme toujours, seront accusés. Leur contribution à la science, à la culture et à l'économie sera rejetée du revers de la main. De plus, on donnera aux Juifs le rôle — évident aux yeux de tous — de malfaiteurs. L'antisémitisme, qui est latent depuis plusieurs générations, remontera à la surface, et une répétition des horreurs de l'Allemagne nazie ne pourrait pas être exclue.

Comme nous l'avons vu tout au long de ce livre, les Juifs et non-Juifs sont profondément conscients que les Juifs sont essentiellement une force de travail, une unité construite pour une mission très précise. En 1976, la Conférence centrale des rabbins américains (CCAR) adopta un programme qu'ils nommèrent « Judaïsme réformé : Une perspective centenaire ». Dans ce programme, la conférence déclara : «Nous avons appris que la survie du peuple juif est de la plus haute importance et que, dans l'exercice de nos responsabilités juives, nous aidons à faire avancer l'humanité vers son accomplissement messianique[211]. »

En effet, actuellement, le peuple juif est la seule nation où l'union et la révélation qui s'ensuit, la réalisation et l'acquisition de la qualité du Créateur, l'attribut du don, soient possibles. Notre « accomplissement messianique », si les délégations de la conférence en étaient conscientes ou non, est que toutes les nations obtiennent les propriétés mentionnées plus haut et qu'elles profitent de leurs avantages. Jusqu'à ce que nous remplissions notre rôle, le monde continuera à nous blâmer pour toute adversité et malchance qui s'abattra sur lui. Plus nous évitons notre mission, plus le monde nous forcera durement de revenir à elle.

L'histoire du prophète Jonas devrait être un rappel, pour chaque Juif, que notre vocation est prédestinée et non négociable. Nous pouvons la suivre de plein gré et profiter de ses avantages, ou la suivre à contrecœur et récolter les châtiments du monde, comme l'histoire l'a prouvé à tant de reprises.

Dans un esprit de très bonne volonté, la dernière partie du programme fut judicieusement intitulée « L'espoir : Notre obligation juive ». Dans cette partie, le CCRA prend un engagement primordial (les italiques sont ceux de l'éditeur) : « Notre peuple a toujours refusé le désespoir. Les survivants de l'Holocauste, se voyant accorder la vie, la saisirent, la nourrirent et, en s'élevant au-dessus de la catastrophe, montrèrent à l'humanité que l'esprit humain est invincible. L'État d'Israël [...] démontre *ce qu'un peuple uni peut accomplir dans l'histoire. L'existence du Juif est un argument contre le désespoir ; la survie juive est la garantie de l'espérance humaine.*

« Nous témoignons au nom de Dieu que *l'histoire n'est pas dénuée de sens.* Nous affirmons *qu'avec l'aide de Dieu les gens ne sont pas impuissants à influer sur leur destin.* Nous nous engageons, comme l'ont fait les générations de Juifs qui nous ont précédées, à *travailler et à attendre le jour où* "On ne fera pas de tort et on ne détruira pas, dans toute ma sainte montagne ; car *la terre sera pleine de la connaissance de l'Éternel,* comme les eaux couvrent le fond de la mer[212]." »

En effet, l'histoire, surtout l'histoire juive, n'est pas dénuée de sens. Elle a un but éducatif : nous enseigner notre rôle dans la vie et nous permettre de distinguer le droit chemin du mauvais chemin, le chemin heureux du chemin douloureux. Pourtant, c'est à nous de choisir lequel prendre.

Dans son « Introduction au Livre du Zohar », Baal HaSoulam, Kabbaliste ayant vécu au XXe siècle, décrit tout spécialement le rôle du peuple juif : « Gardez à l'esprit que, dans tout, il y a intériorité et extériorité. Dans le monde en général, Israël, les descendants d'Abraham, Isaac et de Jacob, est considéré comme l'intériorité du monde (le plus proche du Créateur) et les soixante-dix nations (le reste des nations) sont considérées comme l'extériorité du monde [...] De plus, il y a l'intériorité dans chaque personne provenant d'Israël — l'Israël en nous — qui est le point dans le cœur (le désir pour le Créateur, pour le don), et il y a l'extériorité — les nations du monde intérieures (tous les autres désirs).

« Lorsqu'une personne d'Israël renforce et dignifie son intériorité, qui est l'Israël en cette personne, qu'elle la fait passer au-dessus de son extériorité, les nations du monde en elle [...], ce faisant, les enfants d'Israël s'élèvent dans l'intériorité aussi bien que dans l'extériorité du monde. Alors les nations du monde [...] reconnaîtront et admettront la valeur des enfants d'Israël.

« Et si, Dieu nous en préserve, c'est le contraire, à savoir qu'un individu d'Israël rehausse et apprécie son extériorité, dénommée les nations du monde qui se trouvent en lui, plus que son Israël intérieur, comme il est écrit (Deutéronome 28,43) "l'étranger qui est au milieu de toi", cela signifie que l'extériorité de cette personne s'élève et monte en flèche et que l'intériorité, "Israël", s'abaisse. Par cela, on permet à l'extériorité du monde en général, les nations du monde, de s'élever toujours plus haut et de dominer Israël, à le piétiner, et les enfants d'Israël, l'intériorité du monde, s'abaissent encore plus profondément.

« Ne soyez pas surpris si les actions d'une personne amènent à l'élévation ou au déclin dans le monde entier, car c'est une loi constante que l'ensemble et le particulier sont aussi identiques que deux pois dans une cosse. De plus, tout ce qui s'applique à l'ensemble s'applique aussi au particulier. En outre, les parties forment ce que l'on trouve dans l'ensemble, car l'ensemble ne peut apparaître qu'après l'apparition des pièces qu'il contient, selon leur quantité et leur qualité. Évidemment, la valeur d'un geste d'une partie élève ou abaisse l'ensemble en entier[213] ».

En outre, poursuit le Baal HaSoulam, « Quand on augmente son labeur dans l'intériorité de la Torah et de ses secrets (efforts à atteindre le Créateur), on élève dans la même mesure la vertu de l'intériorité du monde, qui est Israël, au-dessus de l'extériorité du monde, qui sont les nations du monde. Et toutes les nations admettront et reconnaîtront le mérite d'Israël sur elles, jusqu'à la réalisation de ces mots : "Et les peuples les prendront, et les mèneront en leur lieu et la maison d'Israël les possédera sur la terre de l'Éternel" (Esaïe 14,2), et aussi "Ainsi a parlé le Seigneur, l'Éternel : Voici : Je lèverai ma main vers les nations, Je dresserai ma bannière vers les peuples ; Et ils ramèneront tes fils entre leurs bras, Ils porteront tes filles sur leurs épaules." (Esaïe 49,22)

« Mais si, Dieu nous en préserve, c'est le contraire et qu'une personne d'Israël dégrade la vertu de l'intériorité de la Torah et de ses secrets, qui traite de la conduite de nos âmes et de leurs degrés (de l'atteinte du Créateur et de la transmission de cette réalisation), [les nations] humilieront et amèneront la disgrâce sur les enfants d'Israël et considéreront Israël comme superflu, comme si le monde n'avait pas besoin d'eux[214] ».

Quand cela arrivera, ajoute-t-il, « l'extériorité du monde entier, les nations du monde, destitueront les enfants d'Israël, l'intériorité du monde. Dans une telle génération, tous les destructeurs des nations du monde lèveront la tête et souhaiteront avant tout détruire et tuer les enfants d'Israël, comme il est écrit : 'Aucune calamité ne vient au monde, si ce n'est pour Israël.' (*Yevamot* 63) Cela signifie, comme il est écrit dans les corrections ci-dessus, qu'ils causent la pauvreté, la ruine, le vol, le meurtre et la destruction dans le monde entier[215] ».

En conclusion, si nous remplissons notre rôle et transmettons la lumière de la bienveillance au monde entier, l'attribut du Créateur, l'intériorité dont fait état Baal HaSoulam, alors l'intériorité des nations du monde, les justes des nations du monde, domineront et soumettront leur extériorité, qui sont les destructeurs. De même, l'intériorité du monde, qui est Israël, s'élèvera dans tout son mérite et sa vertu sur l'extériorité du monde, qui sont les nations. Ensuite, toutes les nations du monde reconnaîtront et admettront le mérite d'Israël sur elles.

« Ils suivront les paroles (Esaïe 14,2) : "Et les peuples les prendront et les mèneront en leur lieu et la maison d'Israël les possédera sur la terre de l'Éternel." Et aussi (Esaïe 49,22) :

"Et ils ramèneront tes fils entre leurs bras, Ils porteront tes filles sur leurs épaules[216]"» (la répétition des citations est dans le texte original).

Cela peut sembler une lourde tâche, pour un si petit nombre de personnes, de faire une si grande différence dans le monde ; mais en vérité, le succès ou l'échec de nos efforts dépend d'une seule et unique condition : notre unité. Ainsi, pour nous rappeler le rôle primordial que joue l'unité dans le succès de notre nation et de notre mission, le prochain chapitre sera consacré aux paroles de nos sages à travers les âges, à leurs réflexions au sujet de l'unité. Par la suite, nous allons examiner les moyens par lesquels nous pouvons réaliser cette unité.

Chapitre 8

Ensemble à jamais

(L'unité, l'unité, je dirais même plus, l'unité)

Comme cela a été dit tout au long du livre, l'unité a été « l'assurance » d'Israël contre tous les maux, l'ultime panacée. Pourtant, notre égoïsme a tant évolué de nos jours que nous ne pouvons plus maintenir l'unité à moins que notre survie même en dépende. Cette faille a été remarquée par nos amis autant que par nos ennemis.

Dans un article qu'il publia en juin 1940, le Baal HaSoulam notait que nos problèmes proviennent d'un manque d'unité. Il écrivit que nous sommes « comme un tas de noix réunies en un seul corps de l'extérieur, par un sac qui enveloppe et rassemble les noix. Toutefois, poursuit-il, cette mesure d'unité ne les change pas en un corps homogène et même le moindre mouvement du sac cause des tumultes et des séparations entre elles. Ce sac fait qu'elles sont à la fois séparées et unies partiellement. Tout ce qui manque, c'est l'union naturelle de l'intérieur. De plus, la force de leur unité découle de situations externes. En ce qui nous concerne, c'est une question très douloureuse[218.] »

Au chapitre 5, nous avons parlé de l'article du Baal HaSoulam, « Il y a un certain peuple », dans lequel il écrit que Haman comptait sur la séparation des Juifs. Le Baal

HaSoulam décrit cela comme la clef de son triomphe sur eux. Haman savait que la séparation entre eux signifiait qu'ils étaient aussi séparés du Créateur, l'attribut du don, la force qui crée la réalité. C'est pour cela que Haman croyait qu'il pouvait exploiter la faiblesse des Juifs pour les faire disparaître. À son grand regret, Mardochée ressentit ce danger et « alla corriger ce défaut, comme il est expliqué dans le verset : "Les Juifs se rassemblèrent [...] pour s'unir et se défendre". Cela signifie qu'ils furent sauvés grâce à leur union[219]. »

Un « Haman » plus contemporain, Adolf Hitler, remarqua également ce trait de l'unité chez les Juifs, et nota son absence parmi nous aujourd'hui. Dans *Mein Kampf*, Hitler écrit : « Les Juifs ne s'unissent que si un danger les oblige à le faire ou si un butin les séduit ; si ces deux motifs manquent, les caractéristiques de l'égoïsme le plus grossier accaparent leur sens et, en un clin d'œil, le peuple uni se transforme en une horde de rats prêts à se battre jusqu'au sang[220]. »

C'est pourquoi, avant de nous mettre à discuter de la façon dont nous pouvons réaliser l'unité et ainsi nous éviter des calamités du genre de celles que notre peuple a connues tout au long des générations, nous consacrerons ce chapitre aux citations de rabbins et d'érudits juifs de toutes les générations. Elles corroboreront l'importance primordiale de l'unité et de la solidarité pour notre peuple. Puisque notre substance essentielle est le désir de recevoir, pour réussir à nous unir, il est vital que nous désirions d'abord l'unité, et ce, avant même de l'établir, ne fût-ce que pour nous protéger des souffrances. Voici les paroles inspirantes de nos sages.

L'unité : Le cœur et l'âme d'Israël

Bien que Beit Shamai et Beit Hillel fussent en dispute,

ils se traitaient l'un l'autre avec tendresse et amitié, afin de respecter le verset (Zacharie 8) « Aimez la vérité et la paix ».

Talmud de Babylone, *Yevamot*, chapitre 1, p. 14b

Le secret de l'unité du monde est en Israël. C'est pourquoi ils sont appelés « hommes ».

Rav Abraham Yitzhak HaCohen Kook (la Raiah), Orot HaKodesh (Lumières de Sainteté), Vol. 2, p. 415

Il fut établi sur le mont Sinaï que les enfants d'Israël devinrent une nation. C'est pourquoi il est écrit « Je », au singulier, car dans la mesure de l'unité entre eux, Sa Divinité est présente sur les enfants d'Israël.

Yéhouda Leib Arie autel (ADMOR de Gour), *Sefat Emet* (*Le Langage de vérité*), *VaYikra* (Lévitique), *Parashat Bahar* (Portion, Sur le mont), TARLAV (1893)

Il est connu que du point de vue de l'esprit, chaque personne est individualisée [...], mais du point de vue du cœur, il y a l'unité en Israël.

Rabbi Shmuel Bornstein, *Shem MiShmuel*, *Shemot* (Exode), *TAR'AH* (1915)

Quand les enfants Israël sont entrés dans le pays, ils étaient une nation complète. La preuve en est que tant qu'ils n'avaient pas traversé le Jourdain et n'étaient pas arrivés dans le pays, Israël n'a pas été puni... jusqu'à ce qu'ils aient traversé et soient devenus responsables les uns des autres.

Ainsi, les enfants d'Israël ne sont pas devenus responsables les uns des autres parce que l'homme est appelé *Arev* (garant / responsable) quand il est *Meorav* (mêlé) avec un autre. Israël ne s'est pas uni en une nation complète avant d'arriver dans le pays, en y étant ensemble, et en ayant un seul endroit, la terre d'Israël. Et à travers la terre d'Israël, les Juifs sont une nation à part entière.

Loewe Juda ben Bezalel (le Maharal de Prague), « Chemins éternels », « Chemin de la droiture » Chapitre 6

Parce que les 600 000 âmes d'Israël sont toutes liées les unes aux autres comme une corde tressée, unies comme une seule âme, sans séparation, si vous secouez le début de la corde, vous secouez le tout. Par conséquent, si un seul homme pèche, la colère s'abattra sur toute la congrégation. La raison en est que tout Israël est responsable de tout un chacun.

Si l'un se souille, toutes les âmes d'Israël sont souillées, jusqu'à ce qu'il répare ce qu'il a corrompu dans son âme [...] Cela veut dire que puisque les parties se lient les unes aux autres, elles ne seront pas séparées.

Rabbi Eliahou Di Vidash, *Commencement de la Sagesse*, « Porte de la Peur », chapitre 14

L'âme s'élève et devient complète, essentiellement lorsque toutes les âmes se mêlent et ne font plus qu'une, car alors elles s'élèvent vers la sainteté, la sainteté est « une » [...] Donc, il faut d'abord prendre sur soi le commandement « Tu aimeras ton prochain comme toi-même », comme notre Rav écrivit qu'il est impossible de prononcer des paroles de prière sauf dans la paix, quand on se connecte avec toutes les âmes d'Israël.

Rabbi Nathan Sternhertz, Likoutey Halakhot [Règles assorties], « Règles de la synagogue », règle 1

Bien que les corps de l'ensemble d'Israël soient divisés, leurs âmes sont une seule unité à la racine [...] C'est pourquoi il a été ordonné à Israël d'unir les cœurs, comme il est écrit « Et Israël campa là », au singulier (en hébreu), ce qui signifie qu'ils étaient ainsi en bas, ce qui signifie qu'ils étaient dans l'unité.

Rabbi David Solomon Eibenschutz, Les saules de la rivière, Nassoh (pris)

Les enfants d'Israël ne reçurent pas la Torah (la loi du don) avant qu'ils n'aient acquis l'unité complète, comme nous l'écrivions au sujet du verset (Exode 19,2) : « Et Israël campa là devant le mont. » Moïse non plus ne recevrait rien du tout, comme nos sages ont dit [Berakhot (bénédictions), 32a] que le Créateur dit à Moïse, concernant le veau : « Descends de ta grandeur, car Je vous ai donné la grandeur seulement pour Israël. »

Rabbi Moshe Alsheich, *La Loi de Moïse*,
concernant le Deutéronome 33, 4-5

Quand Israël est dans l'unité, il n'y a pas de limite à sa réalisation.

Rabbi Elimelekh Weisblum de Lizhensk,
Noam Elimelekh [La douceur d'Elimelekh], Pinehas.

« Jérusalem est bâtie comme une ville qui unit ensemble » (Psaumes 122,3), une ville qui rend tous ceux d'Israël amis.

Talmud de Jérusalem, Hagiga, chapitre 3, règle 6

Vous, les amis qui êtes ici, de même que vous étiez dans l'affection et l'amour auparavant, désormais vous ne pourrez pas vous séparer, jusqu'à ce que le Seigneur se réjouisse de vous et déclare la paix sur vous. Et par votre mérite, il y aura la paix dans le monde, comme il est écrit : « Pour l'amour de mes frères et de mes amis, je vais parler : "Que la paix soit en vous" ».

Rav Yéhouda Ashlag (Baal HaSoulam),
Le Livre du Zohar avec le Commentaire de l'échelle,
Akharei Mot (Après la mort), point 66

L'unité : le salut d'Israël

Le premier moyen de défense contre les calamités, c'est l'amour et l'unité. Quand il y a l'amour, l'unité et l'amitié entre les membres d'Israël, aucune calamité ne peut s'abattre sur eux... Même s'ils adorent des idoles, s'ils sont liés entre eux et que leurs cœurs ne sont pas séparés, ils ont la paix et la tranquillité, sans aucun Satan ou malfaiteur. Ainsi, toutes les malédictions et les souffrances sont éliminées par cela (l'unité).

Tel est le sens de ce qui est dit : « Vous vous tenez en ce jour, vous tous. » Cela signifie que bien que vous ayez entendu tous les coups de gourdins de l'alliance, qui sont présentés ci-dessus, vous vous tenez tout de même debout et vous reviendrez à la vie par vos chefs, vos juges, vos aînés, vos dirigeants et tous les hommes d'Israël vivant dans l'amour, au rythme d'un seul cœur. Grâce à l'union, vous serez capables de marcher à travers les gourdins ; ils ne vous atteindront pas et ne vous feront aucun mal.

« Qu'Il puisse vous établir aujourd'hui comme Son peuple » signifie que par cela vous revivrez, vous serez sauvés de toutes les calamités. Ensuite, il leur dit: « Maintenant, Je ne fais pas cette alliance avec vous seuls », ce qui signifie que d'être sauvé de tout mal par l'union n'a pas été promis à la seule génération de Moïse. Mais au contraire, « Avec ceux qui se tiennent ici avec nous aujourd'hui [...] et avec ceux qui ne sont pas avec nous aujourd'hui », ce qui signifie que cela a été promis à toutes les générations futures de passer à travers les gourdins de l'alliance — qu'il ne leur sera fait aucun mal grâce à l'unité et aux liens qui existeront entre eux.

Rabbi Kalonymus Kalman Halevi Epstein,
Maor Va Shemesh (Lumière et Soleil), *Nitsavim* (debout)

Il nous est ordonné à chaque génération de renforcer l'unité parmi nous afin que nos ennemis ne nous gouvernent pas.

Rabbi Eliahou Ki Tov, *Le Livre de la Conscience*, chapitre 16

Le Seigneur dit à David: « Quand les problèmes arrivent aux enfants d'Israël en raison de leurs iniquités, qu'ils se tiennent devant Moi ensemble et confessent leurs fautes devant Moi [...] Quand ils se rassemblent devant Moi et se tiennent devant Moi, ensemble, et disent devant Moi une prière pour le pardon, je le leur accorderai. »

Tanna DEVEI Eliahou Zuta, chapitre 13

Quand l'homme s'inclut avec tout Israël et que l'unité est faite, le Seigneur est présent dans l'unité. À ce moment-là, aucun mal ne vous arrivera.

Rabbi Menahem Nahum de Tchernobyl,
Maor Enaym (Lumière des yeux), *VaYetzeh* (Et Jacob sortit)

Quand ils (Israël) se querellent et il y a l'unité entre eux quand même, alors l'unité est plus précieuse. C'est pourquoi « Moab avait très peur du peuple », car bien qu'ils se querellent, il est encore lui-même (au singulier), d'où la « grande peur ».

Rabbi Moshe Taitelboim,
Yismach Moshe (Que Moïse se réjouisse), Balak, p 71b

C'est pourquoi Il a dit « Rassemblez-vous et écoutez, vous fils de Jacob », précisément « rassemblez-vous », car Il leur a révélé que le principal élément de correction est le conseil à l'effet de se réunir, ce qui signifie qu'il y aura unité, amour et paix en Israël ; ils se réuniront pour parler l'un à l'autre de l'objectif final. Ainsi, ils seront récompensés par la perfection du conseil, car Israël et la Torah (la loi du don) ne font qu'un, dans la mesure où la paix et l'unité règnent en Israël.

Rabbi Nathan Sternhertz, Likoutey Halakhot [Règles assorties],
« Règles du 9 Av et des jeûnes », Règle no 4

Ainsi, Israël sera une sainte congrégation et une association, comme un seul homme vivant au rythme d'un seul cœur. Ensuite, lorsque l'unité restaurera Israël comme auparavant, Satan n'aura pas de place où introduire l'erreur et les forces externes. Quand ils sont comme un seul homme vivant au rythme d'un seul cœur, ils sont tel un mur fortifié contre les forces du mal.

Rabbi Shmuel Bornstein, *Shem MiShmuel*,
Vayakhel (Moïse assembla), *TAR'AV* (1916)

C'est la garantie mutuelle sur laquelle Moïse travailla si dur avant sa mort, unir les enfants d'Israël. Tous les enfants d'Israël se portent garants les uns envers les autres (responsables les uns des autres), ce qui signifie que quand ils sont ensemble, ils ne voient que le bien.

Rabbi Simcha Bonim Bonhart de Peshischa,
Une voix radiodiffusée,partie 1, Balak

Toutes les âmes d'Israël sont en complète unité au même niveau, comme une caravane voyageant dans le désert parmi les bêtes féroces, avec des armes et d'autres tactiques, quoique les bêtes féroces ont peur de les approcher. Mais quand ils quittent l'endroit où ils ont campé, si un homme y reste seul il est rapidement tué par les animaux, car il s'est séparé du groupe.

Rabbi David Solomon Eibenschutz, *Les saules de la rivière*
(relatif à Roch Hachana qui tombe le jour du sabbat)

La base de la méchanceté de Haman, sur laquelle il avait formulé sa demande au roi de lui vendre les Juifs [...] est ce dont il avait commencé à discuter : « Il y a un certain peuple divisé et dispersé » [...] Il répandit sa souillure en disant que cette nation méritait d'être détruite, car la séparation régnait entre eux ; ils étaient tous en conflit, se querellaient, et leurs cœurs étaient éloignés les uns des autres. Cependant, il administra le remède avant le coup (prit des mesures de prévention) [...] en pressant les membres d'Israël de s'unir et de se lier les uns aux autres, de ne faire qu'un — comme un seul homme —, et c'est ce qui les a sauvés, comme dans le verset: « Va, réunis tous les Juifs ensemble ».

Rabbi Azarya Figo, *Bina LeItim*
(*Sagesse pour Occasions*) partie 1, Sermon 1 pour Pourim

C'est parce qu'ils ont péché que la force de l'unité a été soutirée des méchants et donnée aux enfants d'Israël [...] C'est la grande miséricorde dont nous devrions toujours nous souvenir. De plus, nous devons lui faire confiance parce que notre intention est bonne ; nous sommes certains de réussir puisque la force de l'unité [...] nous assiste.

Yéhouda Leib Arie autel (ADMOR de Gour),
Sefat Emet [Le Langage de vérité], *Bereshit* [Genèse],
Parachat Noah [Portion, Noah], *TARLAV* (1875)

La question de l'unité sociale, qui peut être la source de toute joie et de succès, s'applique en particulier aux corps et aux questions corporelles entre les gens, et l'écart entre les deux est la source de tout malheur et de toute calamité.

Rav Yéhouda Ashlag (Baal HaSoulam),
Les Écrits du Baal HaSoulam, « La Liberté », p 426

Unité signifie rédemption

Élie vient seulement corriger l'imperfection qui était présente au moment de son arrivée. C'est pourquoi Élie vient principalement pour régler le différend, car cela unit certainement et lie Israël comme un seul homme, jusqu'à ce que ses membres soient dignes de la rédemption de l'exil. Il en est ainsi parce qu'ils ne seront pas sauvés de l'exil tant qu'ils ne seront pas parfaitement unis, comme il est dit dans le Midrash : Israël ne sera pas sauvé avant de ne faire qu'un.

Loewe Juda ben Bezalel (le Maharal de Prague),
Innovations de Légendes, Partie 4, Massekhet, Mariage p. 63

C'est une chose merveilleuse que deux prophètes ont prophétisée, une prophétie très importante en ce qui concerne le temps de la rédemption : « Et je leur donnerai un seul cœur» (Jérémie 32,39, Ézéchiel 11,19). En effet, ils savaient ce qu'ils prophétisaient, le démon de la séparation du cœur est aux aguets, depuis des temps immémoriaux.

Avraham Kariv, *Atarah LeYoshnah* (*Rétablir la gloire ancienne*),
« L'État et l'esprit », p. 251

Il est également clair que l'immense effort qui est requis de nous, sur la route accidentée qui s'annonce, exigera une unité aussi forte et solide que l'acier, et ce, de toutes les factions de la nation, sans aucune exception. Si nous ne sortons pas en rangs unis vers les forces puissantes qui se tiennent devant nous, nous sommes condamnés avant même d'avoir commencé.

Rav Yéhouda Ashlag (Baal HaSoulam),
Les Écrits du Baal HaSoulam, « La Nation », p. 487

Chapitre 9

Parole plurielle

(Réaliser la cohésion sociale à travers l'environnement social)

Persécution et antisémitisme, ou judéophobie, un terme plus contemporain, ont été le lot de notre peuple depuis (au moins) les deux derniers millénaires. Pourtant, comme nous l'avons vu tout au long du livre, la haine des Juifs n'a pas surgi de nulle part. Elle est enracinée à la base de cette certitude chez tous les êtres humains, aussi inconsciente soit-elle, que les Juifs doivent et devront les mener à la réalisation du but de la vie : recevoir bonheur et plaisirs illimités.

Jusqu'à présent, nous avons discuté du but et du rôle de la nation juive et de la raison de notre angoisse à travers les âges. Désormais, nous allons discuter des principes que nous devons suivre afin d'atteindre notre but, qui coïncide avec le but de l'humanité.

L'instinct de supériorité

Au chapitre 2, nous avons rapporté les paroles de nos sages concernant les désirs fondamentaux qui sont à la base de la création et les quatre niveaux qui composent le désir de recevoir. En bref, nous avons dit que la réalité consiste en un désir de donner le plaisir et en un désir de le recevoir. Nous avons appris de ces sages que le désir de recevoir le plaisir est divisé en quatre niveaux appelés « minéral », « végétal », « animal » et « parlant ». Cependant, il s'agit principalement d'un désir qui porte différentes formes selon les différents niveaux de développement.

Par exemple, le désir le plus essentiel de l'existence est de se maintenir en vie. Au niveau humain, ce désir serait de se contenter d'un abri, ne fût-ce que d'une cabane en tôle, ainsi que de moyens de se garder au chaud, de se vêtir et de se nourrir. C'est le niveau minéral du désir. Tout comme les minéraux qui conservent leurs atomes et leurs molécules unis, mais ne font presque rien d'autre, une personne avec ce type de désir ne voudra que se maintenir elle-même, pour apparemment « garder ses atomes et ses molécules unis », et presque rien d'autre.

Au niveau végétal du désir, une personne voudra se maintenir au même niveau que les autres. De même que toutes les plantes d'un certain genre s'épanouissent et se fanent en même temps, une telle personne voudra être comme tout le monde dans sa ville ou son village, et suivre la dernière mode vue à la télé.

Si tout le monde est pauvre, cette personne ne se sentira pas pauvre tant que son niveau de vie ira de pair avec celui de son environnement social. De plus, si la nouvelle mode est de porter la chaussure gauche au pied droit, et vice-versa, la personne du niveau végétal se sentira plus à l'aise en portant ses chaussures à l'envers, tant qu'elle est en accord avec la tendance dominante de la mode.

La personne du niveau animal diffère du niveau végétal en ce qu'elle commence à chercher son expression propre. Une telle personne ne se suffit plus d'être comme tout le monde, mais a besoin d'établir sa propre individualité. En grande partie, ce niveau débouche sur une plus grande créativité et une plus grande distinction dans les choix de cette personne.

Le niveau parlant (humain) est le plus complexe et le plus épineux. Ici, il ne suffit plus de s'exprimer. À ce niveau, le désir est d'être supérieur. C'est le désir qui fait que les gens veulent être reconnus pour ce qu'ils ont de spécial, voire d'unique. En d'autres termes, à ce niveau, nous nous comparons constamment aux autres.

De nos jours, nous ne pouvons plus nous contenter d'être le meilleur à quelque chose ; nous voulons être le meilleur qui ait jamais existé. Pensez aux ambitions sportives dont nous entendons constamment parler : celle du nageur Michael Phelps de battre le record de sept médailles d'or établi par Mark Spitz aux Jeux olympiques de 1972 ; ou les joueurs de basket-ball qui se comparent à Michael Jordan ; ou l'envie de Roger Federer de continuer à gagner des titres de tennis, bien qu'il ait déjà gagné plus de tournois de Grand Chelem que quiconque avant lui (pourtant, il est toujours agacé de n'avoir pas gagné de médaille d'or olympique[221]).

Le sport est peut être un exemple manifeste, mais il n'est certainement pas l'exception ; c'est plutôt la norme. Le film qui a gagné le plus d'argent à sa première semaine en salles, l'album qui a été le plus vendu, la compagnie qui vend le plus de téléphones / ordinateurs / voitures, la concurrence et les comparaisons sont partout. Demandez à un élève de lycée s'il est un bon élève. Vous obtiendrez probablement une réponse du genre : « Je suis dans les cinq premiers pour cent de ma classe » (en supposant que vous ayez demandé à un bon élève). Ainsi, être bon n'est plus assez bon ; la *supériorité* est devenue la devise de nos vies. Nous appelons cela « être quelqu'un ». Être moi n'est pas assez bon ; si je ne suis pas *quelqu'un*, je ne suis personne.

Il y a un conte hassidique au sujet de Rabbi Meshulam Zoucha de Hanipol (Anipoli), frère du célèbre Rabbi Elimelekh de Lizhensk, l'un des fondateurs de la Hassidout. Rabbi Zoucha avait l'habitude de dire « Quand j'irai au ciel, si on me demande : Pourquoi n'étais-tu pas Elimelekh (frère estimé de Zoucha), je saurai quoi dire. Mais si on me demande : Pourquoi n'étais-tu pas Zoucha, je ne saurai pas quoi dire[222]. » La morale est claire : être soi-même et réaliser son potentiel, c'est ce qui doit être fait dans la vie.

Mais Rabbi Zoucha vivait au XVIIIe siècle. Aujourd'hui, une telle morale serait inacceptable parce que ce qui importe n'est pas qui vous êtes, mais qui vous êtes *comparé aux autres*, votre position dans la classe. Lorsque la devise principale d'une société divise à ce point, qu'elle se veut aussi antisociale, il n'est guère étonnant que cette société soit en train de s'effondrer.

De moi, à nous, à un

Avec les connaissances dont nous disposons actuellement sur la nature humaine, nous ne pouvons pas éviter cette attitude compétitive, qui sépare, car elle provient de nous-mêmes, d'un dictat du quatrième niveau de désirs, le parlant. De plus, nous ne pouvons pas arrêter l'évolution des désirs, tout comme nous ne pouvons pas arrêter l'évolution de l'ensemble de la Nature. En outre, si nous devons atteindre l'objectif de la création — devenir semblable au Créateur —, nous aurons besoin d'un désir robuste comme carburant afin de nous pousser vers l'avant, ce qui signifie que nous ne devons pas diminuer ou opprimer nos désirs — sans quoi nous n'atteindrons pas l'objectif de nos vies.

Pourtant, ne pas être capable d'arrêter la croissance de nos désirs égocentriques ne signifie pas que nous devrions céder à une tendance qui voudrait voir se détériorer les relations humaines à tous les niveaux. Notre société n'est pas *obligée* de décliner au point où tout ce qu'il nous reste à faire est de nous approvisionner, de nous mettre à l'abri, et de garder un profil bas en attendant qu'un miracle vienne nous sauver de nos semblables.

En fait, même si nous avons choisi de nous protéger, la loi de la Nature veut que les nations ne nous permettent pas de demeurer passifs (comme la douloureuse histoire de notre nation l'indique.) Quand les problèmes surgissent, il est garanti que les Juifs en seront tenus responsables une fois de plus. Par conséquent, nos tourments seront peut-être pires que jamais. Cependant, contrairement aux épreuves du passé, il y a beaucoup de choses que nous pouvons faire aujourd'hui pour empêcher qu'elles se reproduisent.

Souvenez-vous du premier « guerrier de l'ego »

Lorsque les désirs du niveau parlant firent irruption sous forme d'égoïsme pour la première fois, Babylone était à son apogée et Abraham était le seul à y faire face en essayant de résoudre le mystère du déclin social de son peuple.

Ses compagnons étaient tellement plongés dans la construction de leur tour, qu'ils abandonnèrent tout à fait leur camaraderie. Ils n'étaient plus « d'une seule langue et d'une parole » (Genèse 11,01) ; ils n'étaient intéressés que par la tour.

Le livre, *Pirkey de-Rabbi Eliezer* (Chapitres de Rabbi Eliezer) dépeint la consternation d'Abraham devant la nouvelle passion de son peuple : « Rabbi Pinhas dit qu'il n'y avait pas de pierres là-bas (à Babylone) pour construire la ville et la tour. Qu'ont-ils fait ? Ils ont façonné des briques et les ont brûlées comme des artisans, jusqu'à construire une tour de onze mille mètres de haut. Ceux qui montaient avec les briques grimpaient de l'est et ceux qui descendaient le faisaient par l'ouest. Si un homme tombait et mourait, ils n'y faisaient pas attention. Mais si une brique tombait, ils s'asseyaient et se lamentaient en disant : "Quand est-ce qu'une autre arrivera à sa place ?" Quand Abraham, fils de Terah, passa devant et vit la construction de la ville et de la tour, il les maudit au nom de Dieu[223]. »

Mais Abraham fit plus que de maudire les constructeurs. Tout d'abord, il essaya de réparer la faille et de ramener son peuple à l'union. *Midrash Rabah* nous dit qu'Abraham réunit tous les peuples du monde[224] et Rabbi Behayei Ben Asher nous raconte comment il dévoila les supposés pouvoirs célestes de Nimrod. Dans son Midrash, *Rabeinu* (notre Rav) *Behayei*, il écrit : « (Nimrod) lui dit : "J'ai créé la terre et le ciel avec mon pouvoir." Abraham répondit : "Quand je suis sorti de la grotte, j'ai vu le soleil se lever à l'est et se coucher à l'ouest. Fais-le se lever à l'ouest et se coucher à l'est et je m'inclinerai devant toi. Mais sinon, celui qui a donné à ma main la force de brûler les statues me donnera la force et je te tuerai." Nimrod demanda à ses conseillers : "Que doit être la sentence de celui-ci ?" Ils répondirent : "Il est celui dont nous avons dit : 'Une nation sortira de lui et héritera de ce monde et du monde à venir.' Et maintenant, que la sentence qu'il a décrétée soit exécutée sur lui. Ils le jetèrent rapidement dans le four. À ce moment, le Seigneur fut plein de miséricorde pour lui et le sauva, comme il est écrit : "Je suis l'Éternel, qui t'a fait sortir d'Ur en Chaldée." »[225]

Après son débat houleux avec le roi, Abraham prit sa famille, ses disciples et ses biens et s'enfuit de Babylone. En chemin, il recueillit des gens qui étaient d'accord avec son message: « Face à l'égoïsme, s'unir au-dessus. » En d'autres termes, lorsque la haine éclate entre amis, que le but commun de la révélation du Créateur, l'attribut du don, la force essentielle qui crée la réalité, demeure le plus important ; et donc, il faut s'unir au-delà de nos rivalités. Les avantages de tels actes sont une unité accrue, l'acquisition ultérieure de l'attribut du don par les anciens adversaires et, par conséquent, la révélation du Créateur.

La phrase ci-dessus décrit l'essence de la fusion, la réparation de la faille, qu'Abraham essaya de transmettre à ses compagnons. Cette essence — l'unité par-dessus les différences, qui renforce la cohésion et (si vous le souhaitez) révèle le Créateur — n'a jamais changé. En fait, elle ne changera *jamais*, car c'est la loi naturelle du don.

Comme nous l'avons précisé en introduction, le groupe d'Abraham réussit à s'unir et devint le peuple d'Israël, une nation dont le trait commun est de désirer le Créateur. Grâce à l'unité au-delà des différences, comme nous l'avons vu au chapitre 1, Israël développa une méthode permettant de déplacer sa pensée du mode « moi » au mode « nous », et de percevoir ainsi le « Un », le Créateur.

Ainsi, alors qu'Israël se renforçait en utilisant l'unité au-dessus de l'égoïsme, le reste du monde connaissait des épisodes de flux et de reflux, avec des empires qui s'élevaient et tombaient, et une culture hédoniste et une auto-indulgence devenues triomphantes. C'est pourquoi, aujourd'hui encore, à l'époque la plus hédoniste de toutes, le monothéisme d'Abraham est la notion dominante de la divinité, tandis que la tour de Babylone est un symbole de vanité humaine et de folie.

C'est pourquoi les seuls qui puissent éduquer le monde quant à la façon de devenir aussi sage qu'Abraham sont ceux qui étaient autrefois ses élèves, les enfants d'Israël, connus dans le monde entier en tant que Juifs. Cette sagesse était l'héritage d'Abraham, et la transmettre, comme il l'a fait, est leur obligation envers le monde.

Le patrimoine du guerrier légué à sa progéniture

Suffisamment de gens comprennent aujourd'hui que la seule façon d'éviter une catastrophe mondiale est de s'unir. Cela peut être dit en d'autres termes tels que « collaboration », « coordination » ou « égard », mais quel que soit le terme retenu, il est juste de dire que nous comprenons déjà notre interdépendance et notre interconnexion. Cette réalité crée une situation où nous sommes *de facto* unis par tous les systèmes mondiaux. Toutefois, dans la mesure où nous sommes connectés, nous sommes aussi émotionnellement éloignés et pleins de ressentiment face à la situation.

Une façon de résoudre ce contraste est d'essayer de nous « dé-mondialiser ». Bien qu'il n'y ait aucun doute que de briser la chaîne d'approvisionnement des pays en développement et de tout produire localement causerait des problèmes économiques et financiers énormes, certains disent que cela en vaudrait la peine. Peut-être, mais qu'il en vaille la peine ou non, personne ne peut nier que l'isolationnisme serait lourd de conséquences. En outre, cette notion est complètement irréaliste aux yeux de certains. L'économiste Mark Vitner, par exemple, explique que tenter de dénouer l'interdépendance mondiale serait comme « essayer de désembrouiller des œufs brouillés. Cela ne peut tout simplement pas se faire aussi facilement[226] ».

L'option contraire à la dé-mondialisation est d'adopter la mondialisation, de la développer, de la coordonner, de la perfectionner et, en même temps, d'apprendre à nous aimer les uns les autres afin que chacun puisse profiter de la prospérité. Tout ce qu'il faut pour y parvenir, c'est la méthode par laquelle nous déplaçons nos habitudes de pensées autocentrées (se concentrer sur moi-même), à des pensées orientées vers le « nous » (à se concentrer sur tous les autres), puis sur le « un » (en mettant l'accent sur la société comme une entité en soi).

Aujourd'hui, près de 4000 ans après qu'Abraham eut fui Babylone, le monde est prêt à écouter. Nous avons tous souffert suffisamment et nous sommes devenus trop intelligents pour croire que nous pouvons nous débrouiller seuls, que nous pouvons montrer à mère Nature, ou à Dieu, que nous n'avons pas besoin d'elle ou de Lui parce que nous sommes plus forts et plus sages.

Pourquoi former une société qui vante les mérites de l'union ?

Au chapitre 1, nous avons discuté du concept de « l'équivalence de forme » en disant que si vous êtes semblable à quelque chose, vous pouvez la voir, l'identifier, la révéler. Il nous sera plus facile de comprendre ce concept si nous analysons la façon dont les récepteurs radio travaillent. Un récepteur peut capter des ondes uniquement quand il crée des ondes identiques en lui. De même, nous détectons des choses qui existent apparemment à l'extérieur, mais seulement en fonction de ce que nous avons créé en nous. C'est ainsi que nous découvrons le Créateur, l'attribut du don, en formant cet attribut en nous, et donc en le découvrant aussi en dehors de nous.

C'est ce principe, « l'équivalence de forme », qui a valu tant de succès à la méthode d'Abraham. Son groupe créa cet attribut entre eux, et ils découvrirent ainsi le Créateur. C'est-à-dire qu'en passant du mode « moi » au mode « nous », ils ont découvert le mode « un », le Créateur, le seul mode qui existe réellement.

Dans le monde d'aujourd'hui, parvenir à la cohésion sociale est d'une importance primordiale pour notre survie. Nous pourrions envisager la révélation du Créateur comme un « accessoire » quelconque, si ce n'était le fait que le Créateur est l'attribut du don, une qualité sans laquelle nous ne parviendrons jamais à l'unité et, par conséquent, à réparer la faille mondiale qui menace d'engloutir le monde et de l'entraîner dans une confrontation planétaire. C'est pourquoi il est vital d'accélérer la diffusion de la méthode d'Abraham pour réaliser l'unité à travers l'équivalence de forme.

Pour ce faire, nous devons d'abord abandonner une croyance commune dans notre société ; l'idée que nous possédons un « libre arbitre ». La science montre qu'une telle chose n'existe pas, du moins pas de la manière dont nous y pensons normalement — que nous faisons ce que nous voulons selon notre liberté de choisir. Au cours des dernières années, les données qui prouvent notre dépendance envers la société s'accumulent. Ces études montrent que non seulement notre subsistance dépend de la société, mais aussi nos pensées, nos aspirations et nos chances de réussir dans la vie. En fait, la définition même de la réussite est soumise aux caprices de la société. Enfin et surtout, et dans une large mesure, notre santé physique est fortement affectée par la société.

Le 10 septembre 2009, le *New York Times* a publié un article intitulé « Vos amis vous font-ils grossir ? », écrit par Clive Thompson. Dans son histoire, Thompson décrit une expérience fascinante effectuée à Framingham, au

Massachusetts. Dans cette expérience, qui fut plus tard publiée dans le livre à succès *Connectés : La puissance surprenante de nos réseaux sociaux et comment ils façonnent nos vies, comment les amis de vos amis de vos amis affectent tout ce que vous ressentez, pensez et faites*, les vies de 15 000 personnes ont été suivies régulièrement sur une période de plus de cinquante ans. L'analyse des données par les professeurs Nicholas Christakis et James Fowler a révélé des choses étonnantes sur la façon dont nous nous affectons les uns les autres, à tous les niveaux — physique, émotionnel et mental —, et comment les idées peuvent être aussi contagieuses que les virus.

Christakis et Fowler ont trouvé qu'il existait un réseau d'interrelations entre plus de 5000 participants. Ils ont découvert que dans le réseau, les gens influaient les uns sur les autres. « En analysant les données de Framingham, écrit Thompson, Christakis et Fowler disent qu'ils ont, pour la première fois, trouvé une base ferme pour une théorie potentiellement puissante en épidémiologie : de bons comportements, comme cesser de fumer, garder la ligne, ou être heureux, sont transmis d'ami à ami, presque comme s'il s'agissait de virus contagieux. Les données suggèrent que les participants de Framingham ont influencé leur santé respective, tout simplement en socialisant. La même chose est vraie pour de mauvais comportements, des groupes d'amis semblaient "s'infecter" les uns les autres avec l'obésité, le mécontentement et le tabagisme. Rester en bonne santé, semble-t-il, n'est pas seulement une question de gènes et de régime alimentaire. Une bonne santé est, en partie, un produit de votre proximité avec d'autres personnes en bonne santé[228] ».

Plus surprenante encore, la découverte par les chercheurs que ces infections peuvent « sauter » par-dessus les connexions. Ils ont découvert que les gens pouvaient avoir une influence les uns les autres, même s'ils ne se connaissent pas ! De plus, Christakis et Fowler ont trouvé des preuves de ces effets, même à trois degrés de distance (ami d'un ami d'un ami). Selon les termes de Thompson, « Quand un résidant de Framingham est devenu obèse, ses amis étaient plus susceptibles de devenir obèses à 57 pour cent. Encore plus étonnant [...] cela semblait omettre des liens. Un résident de Framingham avait environ 20 pour cent de chance de devenir obèse si l'ami d'un ami devenait obèse, même si l'ami à qui il était connecté n'avait pas pris un seul kilo. En effet, le risque d'obésité d'une personne augmentait d'environ 10 pour cent, même si ce n'était que l'ami d'un ami d'un ami qui avait pris du poids[229] ».

Citant le professeur Christakis, Thompson écrit : « Dans un certain sens, nous pouvons commencer à comprendre les émotions humaines, comme le bonheur, de la façon dont nous pourrions étudier la ruée des buffles. Vous ne demandez pas à un buffle : "Pourquoi galopes-tu vers la gauche ?" La réponse est que tout le troupeau galope vers la gauche[230]. »

Mais la contagion sociale ne se résume pas seulement à surveiller son poids ou à un problème cardiaque. Dans une conférence TED, le professeur Christakis a expliqué que notre vie sociale, et par conséquent — à en juger par les paragraphes précédents —, une grande partie de notre vie physique, dépendent de la qualité et de la puissance de nos réseaux sociaux, et de ce qui circule dans les veines de ce réseau. De l'aveu de Christakis, « Nous formons des réseaux sociaux parce que les avantages d'une vie reliée l'emportent sur les coûts. Si j'étais toujours violent envers vous [...] ou si je vous rendais triste [...], vous couperiez les liens avec moi et le réseau se désintégrerait. Ainsi, la diffusion de choses bonnes et précieuses est nécessaire pour maintenir et nourrir les réseaux sociaux. De même, les réseaux sociaux sont nécessaires pour la diffusion de bonnes et précieuses choses, comme l'amour, la bonté, le bonheur, l'altruisme et les idées [...] Je pense que les réseaux sociaux sont essentiellement liés à la bonté et je pense que ce dont le monde a besoin, maintenant, c'est de plus de relations[231] ».

Mais nous ne sommes pas affectés uniquement par les gens autour de nous. Nous sommes affectés de manière significative par les médias, par la politique, à la fois nationale et internationale, et nous sommes affectés par l'économie. Dans *Runaway World: Comment la mondialisation transforme nos vies*, le célèbre sociologue Anthony Giddens exprime succinctement, mais avec précision, notre connexité et notre confusion simultanées : « Pour le meilleur ou pour le pire, nous sommes propulsés dans un ordre mondial que personne ne comprend pleinement, mais qui fait ressentir ses effets sur nous tous[232]. »

Au cours des dernières années, le monde de l'entreprise a saisi la notion. Ainsi, des formations et des stages sont apparus sur Internet, en offrant un point d'appui à la nouvelle tendance : la contagion sociale. Dans *Homo imitans : L'Art de l'infection sociale: mutation virale en action*, le psychiatre et conseiller en chef d'entreprise, M. Leandro Herrero, offre un résumé subtil de la nature humaine en ce qui concerne l'influence de l'environnement social : « Nous sommes d'intellectuellement complexes, rationnellement élégantes et extrêmement éclairées simples machines à copier[233]. » Pour compléter son ironie sur les mérites de la nature humaine, il écrit : « Les fils de la tapisserie riche en comportements de l'homo sapiens sont faits d'imitation et d'influence[234]. »

Cependant, le problème n'est pas notre comportement des uns envers les autres ou envers la Terre, bien que nous n'ayons pas à en être fiers. Notre comportement est le symptôme d'un changement plus profond, une explosion de l'égoïsme au niveau du désir du parlant, à laquelle personne n'a de solution.

Ceci dit, beaucoup de personnes comprennent déjà que le changement doit venir de notre intériorité. Pascal Lamy, directeur général de l'Organisation mondiale du commerce (OMC), a déclaré que « Le vrai défi, aujourd'hui, est de changer notre façon de penser, non seulement nos systèmes, institutionnels ou politiques. Nous avons besoin d'imagination pour saisir l'immense promesse et le défi du monde interconnecté que nous avons créé [...] L'avenir réside dans plus de mondialisation (pas moins), plus de coopération, plus d'interaction entre les peuples et les cultures, de même que dans un plus grand partage des responsabilités et des intérêts. C'est l'unité, dans notre diversité globale, dont nous avons besoin aujourd'hui[235] ».

En effet, Lamy a raison à bien des égards. Ces dernières années, les neurosciences ont été en effervescence à propos d'une découverte relativement nouvelle, les neurones miroirs. En bref, les neurones miroirs sont des cellules se trouvant dans une région située entre le cortex préfrontal et le cortex moteur du cerveau. Ils sont impliqués dans la préparation et l'exécution des mouvements des membres. Toutefois, selon un article publié dans *Psychology Today*, ils jouent également un rôle vital dans notre interconnexion sociale. « En 2000, Vilayanur Ramachandran, le neuroscientifique charismatique, a fait une prédiction audacieuse : "Les neurones miroirs seront pour la psychologie ce que l'ADN a été pour la biologie." [...] Pour beaucoup, ils représentent tout ce qui fait de nous des humains.

« Dans son livre de 2011, *The Tell-Tale Brain*,

Ramachandran est allé plus loin [...] il soutient que les neurones miroirs sont à la base de l'empathie, qu'ils nous permettent d'imiter d'autres personnes, qu'ils ont accéléré l'évolution du cerveau, qu'ils aident à expliquer l'origine du langage et, plus impressionnant encore, qu'ils ont accéléré le grand bond en avant de la culture humaine, lequel s'est produit il y a environ 60 000 ans. Il conclut : "Nous pourrions dire que les neurones miroirs ont eu le même rôle dans l'évolution des hominidés précoces, qu'Internet, Wikipédia et les blogues aujourd'hui." »

« Ramachandran n'est pas seul. En 2009, l'éminent philosophe A.C. Grayling écrivait dans le *Times* de Londres au sujet de notre intérêt pour les célébrités. Il a brossé un portrait très large pour finalement ramener tout ça aux neurones miroirs. "Nous sommes très doués pour l'empathie, a-t-il écrit. Il s'agit d'une capacité qui a évolué biologiquement, comme le montre la fonction des 'neurones miroirs.'" Dans ce même journal, cette année, Eva Simpson a écrit sur la raison qui fait que les gens furent si émus lorsque le champion de tennis Andy Murray a éclaté en sanglots [...] "Rejetez la responsabilité sur les neurones miroirs, les cellules cérébrales qui nous font réagir de la même façon que quelqu'un nous regardons." En 2007, dans un article du *New York Times* sur les actions héroïques d'un homme pour en sauver un autre, ces cellules étaient à nouveau en vedette : "Les gens ont des 'neurones miroirs', écrivit Cara Buckley, qui leur font ressentir ce que quelqu'un d'autre éprouve[236]." »

Selon Jarrett, il semble que « les neurones miroirs jouent un rôle *causal* (en italique dans le texte d'origine) en nous permettant de comprendre les objectifs derrière les actions des autres. En nous représentant les actions des autres dans notre propre cerveau, un raisonnement s'effectue et ces cellules nous fournissent une simulation instantanée de leurs intentions, une base très efficace pour l'empathie[237] ».

Bien que d'aucuns contestent les théories autour des neurones miroir, il est clair que des parties du cerveau sont clairement dédiées à la communication avec les autres. De cette manière, nous nous connectons physiquement avec les autres sans avoir de contact physique avec eux, autre que le contact visuel. Dans un sens, ces cellules valident les mots de Christakis et Fowler : « Le grand projet du XXIe siècle, comprendre comment l'ensemble de l'humanité devient supérieur à la somme de ses parties, ne fait que commencer. Comme un enfant qui s'éveille, le super organisme humain prend conscience de soi et cela va sûrement nous aider à atteindre nos objectifs[238]. »

Cohésion à l'échelle mondiale

Revenons un instant à notre ancêtre monothéiste commun. Après l'expulsion de Babylone, Abraham créa une société isolée qui se déplaçait en groupe et fonctionnait en garantie mutuelle. Il mit sur pied un entourage social qui soutenait la liaison, l'unité et la cohésion. Il joignit tous ces éléments pour acquérir l'attribut du don, le Créateur. Notre tâche, aujourd'hui, est de faire exactement ça… mais à l'échelle mondiale.

Du fait que nous avons pris conscience d'être un super organisme, il est évident que nous devrions fonctionner comme une entité unique — dans la réciprocité et la responsabilité mutuelle des uns envers les autres. Mais puisque nous ne pouvons pas enseigner au monde entier comment fonctionner de cette manière, nous devons *montrer* l'exemple et le monde fera le reste grâce à sa capacité d'empathie, ou comme Dr Herrero l'a dit, par « imitation et influence ». Après tout, quand les gens découvrent une bonne idée, ils l'adoptent naturellement.

Par conséquent, lorsque les gens voient que les Juifs ont quelque chose qui pourrait leur être bien utile, et que les Juifs désirent la partager, non seulement ils nous soutiendront, mais ils *se joindront* à nous. C'est ainsi, comme il a été dit en introduction, qu'Abraham rassembla de plus en plus de personnes dans son groupe, en se rendant de Babylone à Canaan, et que « des milliers et des dizaines de milliers se rassemblèrent autour de lui et formèrent le peuple de "la maison d'Abraham"[239] ».

Quatre facteurs d'influence

Dans son essai « La Liberté »[240], Baal HaSoulam explique largement la structure de la psyché humaine et ce sur quoi nous devons nous concentrer afin de parvenir à un changement durable de nos sociétés. Dans une longue analyse de l'interaction entre l'hérédité et l'environnement, Ashlag explique que quatre facteurs se combinent pour faire de nous ce que nous sommes:

1. Les gènes ;
2. La manière dont les gènes se manifestent dans notre vie ;
3. L'entourage direct, comme la famille et les amis ;
4. L'entourage indirect, comme les médias, l'économie, ou les amis des amis.

Puisque nous ne choisissons pas nos parents, nous ne pouvons pas contrôler notre patrimoine génétique. Mais nos gènes ne sont que le « nous potentiel », et non le « nous réel » qui finit par se manifester lorsque nous sommes adultes. Le véritable « nous » se compose des quatre facteurs. En outre, les deux derniers, qui ont trait à l'environnement, affectent et *modifient* nos gènes pour qu'ils s'adaptent à l'environnement.

Examinons le merveilleux exemple suivant, qui porte sur comment l'environnement modifie les gènes. Swanne Gordon, de l'Université de Californie, nous en fait part dans son essai « L'évolution peut se produire en moins de dix ans », publié dans le *Science Daily.* « Gordon et ses collègues ont étudié les guppys, petits poissons d'eau douce [...] Ils ont introduit les guppys dans la rivière Damier, dans une section au-dessus d'un barrage de cascades qui éloignent tous les prédateurs. Les guppys et leurs descendants ont aussi colonisé la partie inférieure de la rivière, plus bas que les cascades, là où il y avait des prédateurs naturels. Huit ans plus tard [...], les chercheurs ont constaté que les guppys dans l'environnement de faible prédation [...] s'étaient adaptés à leur nouvel environnement en produisant de plus grands guppys en quantité moindre à chaque cycle de reproduction. Une telle adaptation n'a pas été remarquée chez les guppys qui ont colonisé l'environnement de haute prédation [...] "Les femelles vivant dans la zone de haute prédation investissent davantage de ressources au moment de la reproduction, car le taux de mortalité est élevé à cause des prédateurs. Cela signifie que ces femelles pourraient ne pas avoir d'autre chance de se reproduire, a expliqué Gordon. Les femelles de la zone de faible prédation, d'autre part, produisent de plus grands embryons, parce que les embryons plus grands sont plus compétitifs dans des environnements à ressources limitées, typiques des sites de faible prédation. En outre, les femelles de la zone de faible prédation produisent moins d'embryons, non seulement parce qu'elles ont de plus grands embryons, mais aussi parce qu'elles investissent moins de ressources dans la reproduction[241]."

Dr Lars Olov Bygren, un spécialiste en santé préventive, donne un exemple encore plus surprenant de la façon dont les gènes changent en raison des effets environnementaux. John Cloud, du *Time Magazine*, a décrit les recherches du Dr Bygren sur les effets à long terme qu'ont eu des années d'extrême abondance et d'extrême famine sur les habitants du village isolé de Norrbotten, en Suède. Le Dr Bygren n'a pas seulement observé les effets des oscillations alimentaires sur les gens qui les ont endurées. Il a également examiné « si cet effet pouvait commencer *avant même* (nous soulignons) une grossesse : les expériences vécues par les parents lors de leur enfance pourraient-elles, en quelque sorte, modifier les traits transmis à leur progéniture[242] ? » « C'était une idée hérétique, écrit M. Cloud. Après tout, nous avions un accord de longue date avec la biologie : tout choix que nous faisons au cours de nos vies pourrait ruiner notre mémoire à court terme, ou nous faire grossir ou hâter notre mort, mais il ne changerait pas nos gènes, notre ADN. Ce qui signifiait que lorsque nous aurions nos propres enfants, l'ardoise génétique serait nettoyée.

« Qui plus est, ces effets de nourriture (l'environnement) sur la nature d'une espèce (gènes) n'étaient pas censés se produire aussi rapidement. Dans *L'Origine des espèces*, Charles Darwin [...] nous a enseigné que les changements évolutifs se déroulent sur plusieurs générations et en des millions d'années de sélection naturelle. Mais Bygren et d'autres scientifiques ont accumulé à présent des preuves historiques suggérant que des conditions environnementales puissantes [...] peuvent, en quelque sorte, laisser une empreinte sur le matériel génétique, dans les ovocytes et les spermatozoïdes. Ces empreintes génétiques peuvent faire un court-circuit dans l'évolution et ainsi transmettre de nouveaux traits en une seule génération[243] ».

Le Baal HaSoulam, pour en revenir à son essai « La Liberté », a suggéré un concept très similaire, lequel s'aligne sur les découvertes du Dr Bygren. Dans la section « L'environnement en tant que facteur », il écrit (c'est nous qui soulignons) : « Il est vrai que le désir n'a aucune liberté. Au contraire, il est géré par les quatre facteurs ci-dessus (les gènes, la manière dont ils se manifestent, l'environnement direct, l'environnement indirect). Nous sommes *obligés* de penser et d'observer comme ils le suggèrent, *dénués que nous sommes de la capacité de critiquer ou de changer*[244]... »

Dans la section suivante, « La nécessité de choisir un bon environnement », le Baal HaSoulam ajoute : « Comme nous l'avons vu, c'est une chose simple, qui devrait être observée par tout un chacun. Car bien que chacun ait sa propre source, les forces ne sont révélées ouvertement que dans l'environnement où l'on se trouve[245]. »

Ceci peut sembler déterministe, car si nous sommes entièrement régis par nos environnements, il semblerait que nous n'ayons pas de liberté de choix. Pourtant, écrit le Baal HaSoulam, nous pouvons et devons choisir très soigneusement notre environnement. Voici ses mots : « Le désir possède la liberté de choisir d'abord un tel environnement [...] qui lui confère de bons concepts. Si l'homme n'agit pas ainsi, mais qu'il est prêt à entrer dans un environnement quelconque [...], il tombe forcément dans un mauvais environnement [...] En conséquence, de mauvais concepts lui seront inculqués [...] Une telle personne, conclut-il, sera certainement punie, non en raison de pensées ou d'actes malfaisants sur lesquels elle n'a aucun libre arbitre, mais pour ne pas avoir choisi d'être dans un bon environnement, car en cela, il y a certainement un choix. Par conséquent, celui qui s'efforce de choisir continuellement un meilleur environnement est digne de louanges et de récompenses. Mais là encore, ce n'est pas à cause de ses bonnes pensées et de ses actes [...], mais à cause de ses propres efforts pour acquérir un bon environnement, lequel apporte [...] de bonnes pensées[246]. »

Nous voyons donc que nous sommes tous potentiellement démoniaques, comme nous sommes tous potentiellement angéliques. Le fait d'agir selon l'un des deux extrêmes, ou selon un mélange des deux, ne dépend pas de notre choix, mais de l'environnement social dans lequel nous nous sommes mis, ou qui exerce une influence sur nous.

En tant que parents, instinctivement nous mettons nos enfants en garde pour qu'ils se tiennent à l'écart des mauvais enfants du quartier ou des mauvais élèves à l'école. Ainsi, la conscience de l'influence de l'environnement est, pour ainsi dire, inhérente à nos gènes parentaux. Maintenant, nous devons étendre cette prise de conscience et nous rendre compte qu'il ne suffit pas de voir que nos enfants sont en compagnie de « bons » enfants. Nous devons commencer à *concevoir* une nouvelle façon de penser paradigmatique pour nous-mêmes et pour nos enfants. Cette nouvelle façon de penser donne le rôle principal à la responsabilité mutuelle, là où le souci de l'autre et la camaraderie seront en vedette. Ce faisant, le débat public se transformera.

En d'autres termes, la célèbre maxime de Rabbi Akiva, « Aime ton prochain comme toi-même », doit prendre forme et se transformer en mode de vie collectif. Ce paradigme social est l'ADN de notre peuple, notre héritage pour le monde, et ce que le monde, même inconsciemment, attend que nous lui transmettions.

Alors que les crises mondiales se succèdent les unes les autres, le monde a désespérément besoin d'une bouée de sauvetage, d'une lueur d'espoir. Nous, les Juifs, sommes les seuls à pouvoir offrir cet espoir, autrement appelé « garantie mutuelle ». Le prochain chapitre présente les bases pour la mise en œuvre de la garantie mutuelle en tant que paradigme social.

Chapitre 10

Vivre dans un monde intégral

(Un monde intégral nécessite une éducation intégrale)

Au chapitre précédent, nous avons cité les paroles du Baal HaSoulam dans son essai « La Liberté », affirmant que nous sommes « obligés de penser et d'observer comme il (l'environnement social) le veut » et que nous sommes « dénués de toute force pour critiquer ou pour changer les choses[247]. » Le Baal HaSoulam a conclu que pour éviter un destin prédéterminé, nous pouvons changer d'environnement, ce qui en retour nous transformera, nous et nos destins. Voici ses mots : « Celui qui s'efforce de choisir continuellement un meilleur environnement est digne de louanges et de récompenses [...], non pas à cause de ses bonnes pensées et de ses actes [...], mais à cause de ses propres efforts pour acquérir un bon environnement, lequel apporte [...] de bonnes pensées[248]. »

Pour le dire en termes plus contemporains, afin d'orienter nos vies et celles de nos enfants dans une direction positive, nous devons adopter les valeurs sociales qui favorisent le sens positif que nous voulons inculquer. Nous devons nous éduquer, nous-mêmes, nos enfants et la société dans son ensemble, dans le sens de la garantie mutuelle, de la responsabilité mutuelle, et finalement, de l'unité et de la cohésion. Comme cela a été démontré tout au long du livre, telle est notre vocation en tant que Juifs.

Nous n'avons pas besoin de concevoir de nouveaux moyens d'enseignement pour atteindre cet objectif. Tout ce qu'il faut, c'est de prendre les moyens que nous utilisons déjà — les médias de masse, Internet, le système d'éducation, nos liens sociaux et familiaux — et leur imprégner un sentiment d'appartenance familiale et de responsabilité mutuelle, plutôt que celui de séparation et d'éloignement qui prévaut en ce moment.

Bien que souvent les traits propres à l'union, au lien parental, et surtout à la responsabilité mutuelle sommeillent en nous, il est de notre devoir, Juifs — en fait, c'est notre vocation —, de les éveiller et de les offrir au monde. Comme cela a été démontré à maintes reprises dans ce livre, l'unité est le don des Juifs, la qualité qui nous rend uniques, celle que nous devons donner au reste du monde. C'est cette qualité dont le monde a besoin aujourd'hui. Nous avons la responsabilité de la développer en nous pour mieux la transmettre au monde.

Il y a deux façons de transmettre la garantie mutuelle et l'attribut du don. La première, destinée à ceux qui ont « des points dans le cœur » (comme mentionné plus haut dans le livre), est l'étude directe de la Kabbale. Selon le niveau d'intérêt, cela peut être réalisé à des niveaux d'intensité variables, depuis le fait de regarder des émissions de télévision, jusqu'à celui d'étudier attentivement (et intensément) avec un groupe et un maître. L'autre façon est une méthode d'enseignement axée sur l'unité, destinée à inculquer la cohésion et un sentiment de responsabilité mutuelle au sein de la société. Je reviendrai sur ces deux voies, une à la fois.

La voie du « point dans le cœur »

Pour certains d'entre nous, la façon de trouver l'unité est relativement simple. Nous avons déjà mentionné le « point dans le cœur », cette soif de comprendre ce qu'est la vie, ce qui fait tourner le monde, l'envie qui a permis à Adam, Abraham, Isaac, Jacob, Moïse et à la nation entière qui est née des parias de Babylone de développer une méthode de correction, méthode qui transforme le mauvais penchant en bonté. Ceux qui ont ce point peuvent commencer à étudier les textes, que les Kabbalistes nous ont laissés comme moyen pour atteindre le Créateur, l'attribut du don. En chemin, ils apprendront à s'unir à un niveau profond et seront prêts à transmettre cette unité à d'autres.

Dans notre génération, les textes les plus utiles pour atteindre ces objectifs sont *Le Livre du Zohar,* avec *le commentaire du Soulam* (Échelle) du Baal HaSoulam, et les écrits du Ari, de préférence avec les commentaires de Baal HaSoulam, publiés dans son *Talmud Esser Ha Sephirot*, ainsi que d'autres écrits du Baal HaSoulam, publiés dans *Les Écrits du Baal HaSoulam*. Pour rendre ces textes — et d'autres — plus accessibles, nous avons établi une bibliothèque en ligne, gratuite, de textes kabbalistes authentiques, traduits dans des dizaines de langues.

Les textes originaux, en hébreu, se trouvent à l'adresse Internet suivante : www.kab.co.il. Une version du *Livre du Zohar*, intitulée *Zohar pour Tous*, qui regroupe le texte de Rabbi Shimon Bar Yochaï (Rashbi) avec le commentaire de Baal HaSoulam, se trouve en français à l'adresse suivante www.kabbalah.info/fr. Elle est disponible gratuitement, et ce, sans condition aucune.

Disponibles aussi à l'adresse Web ci-dessus, les écrits de mon maître, le Rav Baruch Shalom Ashlag (le Rabash), le fils aîné et successeur du Baal HaSoulam. Bien que moins de ces textes aient été traduits en français, tous les essais, qui enseignent aux étudiants comment promouvoir l'unité dans le groupe, seront bientôt disponibles et regroupés dans le livre *Les Écrits sociaux du Rabash*. Ce livre est déjà traduit en anglais et est disponible pour la vente en ligne à l'adresse suivante : www.kabbalahbooks.info.

En outre, mes élèves de longue date ont créé un Centre d'éducation qui enseigne les rudiments de la Kabbale et la façon de les appliquer au quotidien ; l'objectif est d'accompagner la croissance de chacun vers l'atteinte du but de sa vie. Pour les élèves plus avancés, j'enseigne une leçon quotidienne de trois heures, émise en direct sur www.kab.tv, avec traduction simultanée dans plusieurs langues — anglais, espagnol, français, russe, allemand et autres. Durant ces leçons, je m'efforce de faire progresser les élèves aussi rapidement et aussi facilement que possible, tout en respectant les modes d'enseignement que j'ai reçus de mon maître vénéré, le Rabash.

Au cours des deux dernières années, nous avons également diffusé sur des chaînes télévisées américaines, telles que JLTV et Shalom TV, surtout le week-end. Naturellement, ces émissions ne sont pas « le noyau dur » des études de Kabbale, mais elles sont certainement une référence importante pour quiconque souhaite « s'y baigner » et voir de quoi cette étude parle.

Éducation intégrale orientée vers l'unité

Étudier la Kabbale est une merveilleuse façon de parvenir

à l'unité. Il s'agit d'une méthode conçue précisément dans ce but. Cependant, la plupart des personnes n'ont pas de « point dans le cœur » vigoureux ; leur désir pour la spiritualité n'exige pas de réponses. Il est donc peu probable que l'ensemble de la société veuille entreprendre ces études dans un avenir prévisible. Pourtant, la nécessité de créer une société unie s'étend à l'ensemble de l'humanité, et non seulement à la nation juive, ou à un pays en particulier.

Dave Sherman, un « stratège opérationnel » de premier plan et un expert en développement durable, a décrit avec éloquence la situation mondiale dans le film *Crossroads: Labor Pains of a New Worldview* : « Le dernier rapport sur l'évaluation mondiale des risques, publié par le Forum économique mondial, présente un schéma étonnant de leur interconnectivité. Il révèle clairement la manière dont tous les risques mondiaux sont reliés et imbriqués, de sorte que les risques économiques, écologiques, géopolitiques, sociaux et technologiques sont extrêmement interdépendants. Une crise dans un secteur conduira rapidement à une crise dans d'autres domaines. L'interconnectivité et la complexité de ce schéma, comparativement à notre surprise devant l'impact et la vitesse des récentes crises financières, illustrent la discordance qui existe entre tous les systèmes que nous avons fondés et montre à quel point nous sommes déconnectés. Nos tentatives de gérer ces systèmes sont divisées et simplistes et ne sont pas à la hauteur des défis auxquels nous sommes confrontés aujourd'hui[249]. »

Pour répondre précisément au contraste entre notre propre déconnexion et l'interconnexion des systèmes que nous avons établis, il nous faut développer une pensée interconnectée, une perception inclusive de notre monde. L'éducation intégrale (ÉI), déjà présentée comme « une éducation orientée vers l'unité », traite précisément de ces points.

Le terme « intégral », selon Thomas J. Murray de l'École d'éducation à l'Université du Massachusetts, « signifie beaucoup de choses pour beaucoup de gens, et il en est de même pour l'éducation intégrale[250] ». La perception la plus courante de l'ÉI, telle que relayée entre autres par Wikipédia, c'est « la philosophie et la pratique de l'éducation de l'enfant dans son entièreté : son corps, ses émotions, son esprit, son âme et son état d'esprit[251.] ».

Considérer l'enfant dans sa globalité, durant le processus éducatif, est certainement recommandé. Cependant, dans le monde interconnecté d'aujourd'hui, ce n'est tout simplement pas suffisant. Comme nous l'avons montré au chapitre précédent, nous apprenons principalement, sinon *uniquement,* à travers l'environnement. Par conséquent, l'objectif de l'éducation doit être de façonner un environnement qui inculque des valeurs et des informations de choix aux enfants… de même qu'aux adultes.

École pour adultes : Un guide pour les égarés

À l'exception du parlant, le niveau humain de la Nature, tous les autres niveaux — minéral, végétal, et animal — vivent en garantie mutuelle. L'homéostasie, telle que définie dans le dictionnaire Webster, correspond parfaitement à la description de la garantie mutuelle aux niveaux inférieurs à celui du parlant : « Un état relativement stable d'équilibre ou une tendance vers un tel état entre les éléments ou groupes d'éléments, différents mais interdépendants, d'un organisme, d'une population ou d'un groupe[252]. »

Notre société actuelle, principalement capitaliste, évite l'équilibre, se moque de la tendance vers celui-ci, et redoute l'interdépendance. En fait, non seulement nous approuvons, mais nous promouvons tout le contraire. Nous louons les réalisations individuelles dans les sports, les affaires, la politique et les milieux universitaires, et nous idolâtrons ceux qui sont au sommet. Nous oublions ceux qui contribuent au bien-être de la collectivité et nous chérissons l'individualisme et l'indépendance.

Mais une société qui fonctionne de cette manière ne peut pas durer très longtemps. Pensez à nos corps humains. Si nos corps se conduisaient selon les valeurs qui dominent notre société, nous ne survivrions pas à la première différenciation cellulaire de l'état embryonnaire. Dès que les cellules commenceraient à former les différents organes, elles commenceraient à se battre entre elles pour les ressources et l'embryon se désintégrerait. La vie ne serait pas possible si une de ses parties adoptait les valeurs individualistes qui viennent d'être décrites. C'est *parce que* la vie, c'est-à-dire la Nature, respecte les règles de l'homéostasie, que nous avons pu nous développer, nous maintenir et que nous avons évolué au point de pouvoir méditer sur la nature et le but de notre existence.

En effet, non seulement les organismes mais aussi l'ensemble de notre écosystème planétaire, le cosmos inclus, se trouvent dans un état d'homéostasie. Lorsque l'équilibre est perturbé, des troubles s'ensuivent. Un rapport révélateur et plutôt amusant, soumis au département de l'Éducation des États-Unis par Irène Sanders et Judith McCabe en octobre 2003, démontre clairement ce qui se passe quand un écosystème s'éloigne de son état homéostatique. « En 1991, une orque (baleine tueuse) a été vue en train de manger une loutre de mer. Les orques et les loutres coexistent généralement pacifiquement. Qu'est-il alors arrivé ? Les écologistes ont constaté que le sébaste et le hareng étaient également en baisse. Les orques ne mangent pas ces poissons, mais les phoques et les otaries les mangent. Les phoques et les otaries sont ce que les orques mangent habituellement et leur population avait également diminué. Ainsi, privés de phoques et d'otaries, les orques se sont tournées vers les espiègles loutres de mer pour assurer leur dîner.

« Ainsi, les loutres ont disparu parce que le poisson, qu'elles ne mangent pourtant pas d'ordinaire, avait également disparu. Et maintenant, l'onde se propage. Les loutres ne sont plus là pour manger les oursins, de sorte que la population d'oursins a explosé. Mais les oursins se nourrissent des forêts de kelp qui recouvrent les fonds marins ; ils exterminent donc ces algues. Le kelp est l'habitat de poissons qui nourrissent les mouettes et les aigles. Comme les orques, les mouettes peuvent trouver d'autres aliments, mais les pygargues à tête blanche n'en étant pas capables, ils se retrouvent donc en difficulté.

« Tout cela a commencé avec le déclin du sébaste et du hareng. Pourquoi ? Eh bien, les baleiniers japonais ont exterminé la variété de baleines qui mangent les mêmes organismes microscopiques dont se nourrissent les colins (un type de poisson carnivore). Avec plus de poissons à manger, le colin a pu s'épanouir. Ils ont à leur tour attaqué la perche et le hareng, qui étaient la nourriture des phoques et des otaries. Avec un déclin de la population d'otaries et de phoques, les orques ont dû se tourner vers les loutres[253] ».

Pensez à la façon dont nous nous comportons les uns envers les autres. Nous sommes compétitifs, étrangers les uns aux autres, isolés, et nous aspirons à être meilleurs qu'eux. Gardez à l'esprit que ceci n'est pas l'exception, mais la *norme*, ce sont les valeurs que nous enseignons *tous* à nos enfants — la « bonne » façon de vivre. C'est pourquoi une école pour adultes, un guide pour l'adulte dérouté, est nécessaire.

La façon dont cette école fonctionnera devrait varier d'un endroit à l'autre et d'un pays à l'autre. Chaque nation et chaque pays possèdent sa propre mentalité, sa propre culture, un niveau différent d'avancement technologique et de moyens de communication, et des traditions par lesquelles les gens s'instruisent. C'est pourquoi chaque pays, et parfois chaque ville, devra mettre au point sa propre méthode d'enseignement. Toutefois, *le contenu fondamental, les principes que tous ces systèmes d'éducation pour adultes enseigneront, doivent être les mêmes.* Sinon, nous obtiendrons une disparité dans l'engagement des populations envers la responsabilité mutuelle, et chacune n'aura pas la même compréhension de son importance dans nos vies.

Examinons quelques-uns des principes fondamentaux que l'éducation pour la garantie mutuelle devrait inculquer.

Médias pro-sociaux

Dans *Les Écrits du Baal HaSoulam*, Ashlag affirme : « Le plus grand de tous les plaisirs imaginables est d'être aimé par les gens. Cela vaut la peine de dépenser toute son énergie et d'oublier les plaisirs physiques pour obtenir une certaine quantité de cette chose délicieuse. C'est l'aimant qui a attiré les plus grands de toutes les générations et pour lequel ils ont rendu la vie de la chair insignifiante[254.]. »

Par conséquent, pour modifier notre comportement social, nous devons transformer notre environnement social, le faire passer de celui qui encourage l'individualité, à celui qui favorise la réciprocité. Concrètement, nous pouvons utiliser les médias pour montrer comment le travail de groupe donne de meilleurs résultats que le travail individuel et comment la compétition est néfaste au bonheur et à la santé d'une personne. Une fois que nous réaliserons que la coopération apporte de meilleurs résultats que l'individualisme, il sera facile de collaborer et de partager.

Dans leur livre éclairant *The Wisdom of Teams: Creating the High-Performance Organization* (*La sagesse des équipes : Création de l'organisation à haut rendement)*, les auteurs Jon R. Katzenbach et Douglas K. Smith rapportent une histoire de réussite qui illustre bien les avantages du travail d'équipe. Burlington Northern Railroad était une compagnie de fret prospère qui fait actuellement partie d'une grande société détenue par Berkshire Hathaway, un conglomérat sous la direction de l'investisseur Warren Buffett. En 1981, Burlington Northern Railroad a subi une restructuration complète ; sept hommes d'affaires, Bill Greenwood, Mark Cane, Emmett Brady, Ken Hoepner, Dave Burns, Bill Dewitt et Bill Berry ont utilisé la déréglementation de l'industrie du chemin de fer américaine pour accélérer la livraison des marchandises et minimiser les coûts de transport. C'est ainsi que Katzenbach et Smith décrivent l'esprit avec lequel ils ont mené cette révolution : « Une équipe véritable partage un engagement vers un but commun. Cependant, seuls les membres exceptionnels d'une équipe [...] deviennent profondément dévoués les uns aux autres. Les sept hommes ont développé une préoccupation et un engagement les uns pour les autres aussi profonds que leur dévouement envers la vision qu'ils essayaient de manifester. Ils ont recherché le bien-être de chacun et se sont soutenus mutuellement au moment opportun et de la manière qui convenait. Ils ont constamment travaillé ensemble pour accomplir tout ce qui devait être réalisé[255.] »

Une telle histoire pourrait être un puissant plaidoyer en faveur de l'unité contre la concurrence. Le seul problème est que dans notre monde ultra-compétitif, même l'unité est utilisée pour obtenir de l'avancement *personnel* dans le groupe qui la pratique (ou, devrions-nous dire, la perpètre en raison de sa mauvaise utilisation). De nos jours, dans un monde interconnecté et interdépendant, ce genre d'unité est inconcevable.

Dans notre société égocentrique, l'unité durera tant qu'elle profite aux personnes concernées. Au chapitre précédent, dans la section « De moi, à nous, à Un », nous avons décrit les effets néfastes de la concurrence. Mais nous avons aussi reconnu qu'avec nos connaissances actuelles sur la nature humaine, nous ne pouvons pas éviter cette attitude compétitive, qui nous éloignent les uns des autres, car elle est en nous, elle est dictée par le parlant, le quatrième niveau du désir, et nous ne pouvons pas arrêter l'évolution des désirs.

Cependant, nous avons déjà dit que nous ne devons pas enrayer notre évolution, mais seulement l'aiguillonner dans une direction constructive pour tous. Le moyen le plus constructif d'y parvenir est par les médias de masse. Si nous développions du contenu pro-social et que nous le diffusions en boucle, de la même manière que nous sommes actuellement harcelés par les publicités et les publireportages qui visent à épuiser nos comptes bancaires, nous en arriverions à vivre dans une société très différente de celle où nous vivons aujourd'hui.

Notre environnement domestique contemporain comprend une grande quantité de divertissements, que ce soit à la télévision ou sur Internet. Une publication du département américain de l'Éducation, intitulée « Media Guide — Helping Your Child Through Early Adolescence », stipule : « Il est difficile de comprendre le monde des jeunes adolescents sans tenir compte de l'énorme impact des médias sur leurs vies. Ceux-ci rivalisent avec les familles, les amis, les écoles et les communautés par leur capacité à façonner les champs d'intérêt, les attitudes et les valeurs des jeunes adolescents[256]. » Malheureusement, la majorité du contenu véhiculé par les médias est antisocial.

Par exemple, une publication en ligne du système de santé de l'Université du Michigan déclare que « Des milliers d'études, depuis les années 1950, ont posé la question de savoir s'il existait un lien entre l'exposition à la violence médiatique et les comportements violents. Toutes, sauf 18, ont répondu "Oui" [...] Selon l'AAP (Académie américaine de pédiatrie), "Les résultats de recherches approfondies démontrent que la violence des médias peut contribuer à un comportement agressif, à une désensibilisation vis-à-vis de la violence, à des cauchemars et à la peur d'être attaqué[257] " ».

Pour comprendre à quel point les jeunes esprits sont exposés à la violence, considérez l'information suivante, tirée de la même publication : « Au jour de ses 18 ans, un enfant américain moyen aura vu 200 000 actes de violence et 16 000 meurtres à la télévision[258]. » Si ce nombre ne semble pas alarmant, considérez qu'il y a 6 570 jours dans dix-huit ans. Cela signifie qu'en moyenne, jusqu'à l'âge de dix-huit ans, un enfant aura été exposé à un peu plus de trente actes de violence à la télévision, dont 2,4 meurtres, *tous les jours de sa vie de mineur*.

Dans la même veine, Barbara M. Newman (Ph. D.) et Philip R. Newman écrivent, dans un livre publié en 2008 (*Development Through Life: A Psychosocial Approach*) : « L'exposition à de nombreuses heures de violence à la télévision augmente le répertoire de comportements violents chez les jeunes enfants et augmente la prévalence de sentiments, de pensées et d'actions empreints de colère. Ces enfants sont emportés par un fantasme de violence ; ils s'identifient à la scène télévisée pendant qu'ils la regardent[259]. » Si nous nous souvenons des neurones miroirs et considérons combien nous apprenons — en particulier les enfants — par imitation, nous ne pouvons qu'imaginer les dommages irréversibles que le visionnement de la violence leur cause, et nous ressentons déjà les effets de cette mauvaise éducation.

Par conséquent, la mise en place de médias qui promeuvent la responsabilité pro-sociale et pro-mutuelle est indispensable à une société moderne viable. Ces médias doivent jouer un rôle clé dans le changement d'atmosphère générale ; du sentiment d'être des étrangers les uns pour les autres, nous devons instaurer un esprit de camaraderie. Les médias nous transmettent presque tout ce que nous savons au sujet de notre monde. Même les informations que nous recevons d'amis et de membres de la famille nous viennent habituellement des médias.

Mais les médias ne nous fournissent pas simplement des informations. Ils nous offrent également des commérages sur les gens — que nous approuvons ou désapprouvons —, et nous formons nos opinions sur la base de ce que nous voyons, entendons ou lisons dans les médias. En raison de leur pouvoir sans pareil sur le public, si les médias convergeaient vers la solidarité et l'unité, la vision du monde de la plupart des gens convergerait également vers ces valeurs.

Actuellement, les médias se concentrent sur les individus qui réussissent, les magnats des médias, les méga stars de la culture pop, et les individus qui ont fait des milliards sur le dos de leurs concurrents. En temps de crise, comme après l'ouragan Sandy ou pendant les inondations, les gens se réunissent pour s'entraider. Ces histoires de solidarité, que les médias diffusent alors abondamment, aident à élever notre moral et nous donnent l'espoir que l'esprit humain n'est pas mauvais du tout. Hélas, dès l'émission suivante, les médias se mettent à oublier ces histoires et elles disparaissent, emportant avec elles la foi en l'esprit humain. Les sentiments de suspicion et d'éloignement reprennent le dessus.

Pour changer durablement et fondamentalement notre vision du monde, pour nous faire désirer l'attribut du don, les médias devraient présenter l'image complète de la réalité. Ainsi devraient-ils nous informer de sa structure interconnectée et interdépendante. À cette fin, il convient de produire des émissions qui démontrent comment cet attribut affecte tous les niveaux de la Nature — minéral, végétal, animal et parlant — et d'encourager les gens à s'en inspirer afin de réformer notre société avec des caractéristiques propres au don, à la réciprocité et à l'homéostasie avec la Nature. Au lieu de talk-shows qui idolâtrent les gens qui ont réussi, ces émissions devraient applaudir les personnes qui ont aidé les *autres* à réussir.

Si les médias présentaient des personnes qui prennent soin des autres et les mettaient sur un piédestal, principalement parce que leurs actes coïncident avec la loi de la Nature, la loi du don, ils modifieraient progressivement les goûts du public, les faisant passer de l'égocentrisme à la camaraderie. Les gens commenceraient à sentir qu'il y a un gain *personnel* à être altruiste, peut-être beaucoup plus qu'à être égoïste, à supposer qu'y ait un gain à cela.

Aujourd'hui, le message prédominant que les médias devraient relayer est le suivant : « L'union c'est amusant ; c'est aussi bon pour vous, rejoignez-nous ! » Il existe plusieurs façons par lesquelles les médias pourraient nous montrer que l'union est un cadeau.

Bien que tout scientifique sache qu'aucun système dans la Nature ne fonctionne en vase clos et que l'interdépendance est le nom du jeu, la majorité d'entre nous en est inconsciente.

Lorsque nous verrons comment chaque organe travaille au profit de l'ensemble du corps ; comment les abeilles collaborent dans les ruches ; comment un banc de poissons nage à l'unisson et peut être confondu avec un poisson géant ; comment les chimpanzés aident d'autres chimpanzés, ou même des humains, sans aucune récompense en retour, nous *saurons* que la loi première de la Nature est celle de l'harmonie et de la coexistence.

Les médias peuvent et doivent nous montrer ces exemples beaucoup plus souvent qu'ils ne le font. Lorsque nous nous rendrons compte que c'est ainsi que fonctionne la Nature, nous examinerons spontanément nos sociétés et nous nous efforcerons d'imiter cette harmonie entre nous. Si nos pensées commencent à s'orienter dans cette direction, elles créeront une atmosphère différente et introduiront un esprit d'espoir et de force dans nos vies, avant même que nous mettions réellement en œuvre cet esprit, puisque nous serons alignés avec la force de vie de la Nature, le Créateur.

Comme on vient de le dire, notre plus grand plaisir est de gagner la faveur des gens, et si les autres approuvent nos actions et nos points de vue, nous nous sentons bien dans notre peau. S'ils désapprouvent ce que nous faisons ou disons, nous nous sentons mal à l'aise et nous avons tendance à cacher nos actions ou à les modifier en fonction de la norme sociale. En d'autres termes, vu qu'il est tellement important de nous sentir bien dans notre peau, les médias sont dans une position unique pour orienter les actions et l'opinion du public.

Il n'est pas surprenant que les politiciens soient les personnes les plus dépendantes des sondages, car leur carrière et leur subsistance mêmes dépendent de leur popularité. Si nous leur montrons que nous avons changé nos valeurs, ils vont changer les leurs afin de suivre notre exemple. L'une des façons les plus faciles et les plus efficaces de leur dire ce que nous valorisons, c'est de leur montrer ce que nous voulons voir à la télé ! Si nous regardons en masse des spectacles qui favorisent l'unité et la camaraderie, les politiciens se brancheront sur cet esprit et établiront des lois en conséquence. Du fait que les politiciens veulent rester au pouvoir, nous devons leur montrer que, pour conserver leurs positions, ils doivent promouvoir ce que nous voulons promouvoir : l'unité.

Lorsque nous serons en mesure d'amener les médias à favoriser l'unité et la collaboration, au lieu de l'auto-glorification de célébrités, nous créerons un environnement qui nous convaincra que l'unité et la responsabilité mutuelle sont bonnes pour nous.

Les clés de l'unité

Pour établir une société plus solidaire, dont les membres sont responsables les uns des autres, les gens ont besoin d'établir quelques règles de base.

1) Alimentation et autres nécessités

D'abord et avant tout, les gens *doivent* avoir la sécurité alimentaire. Sans la certitude qu'ils peuvent nourrir leurs enfants et eux-mêmes, les gens ne ressentiront pas qu'ils font partie intégrante de la société, car ils seront constamment à la recherche de nourriture (sinon physiquement, du moins mentalement).

En outre, il est impératif que les gens aient une sécurité suffisante en ce qui concerne les services médicaux, le logement, l'habillement et l'éducation. Tout ce qui précède variera en fonction du niveau de vie moyen de chaque localité, mais une subsistance de base doit être fournie à tous, à un niveau qui respecte la dignité des personnes en tant qu'êtres humains et en tant que membres à part entière de la société.

En contrepartie d'une garantie quant aux besoins de base, tous les membres de la société recevront une certaine formation qui les aidera à comprendre la nature interconnectée et interdépendante de notre monde, ce qui est la raison pour laquelle ils reçoivent ces services. Ils apprendront que se trouver dans une société qui assure leur bien-être implique aussi des devoirs. Ceux-ci porteront sur le comportement des gens les uns envers les autres, ainsi que sur leur contribution, en temps ou en services, au bien commun.

2) La formation

Nous avons déjà parlé de cette formation qui aidera les gens à comprendre la nature interconnectée et interdépendante de notre monde. Le paradigme social de l'éducation intégrale suggère que *chaque* citoyen, et même chaque *résident* d'un pays, prendra part à cette formation.

La formation a un double objectif, l'un d'ordre social et l'autre d'ordre économique. L'objectif économique, un avantage supplémentaire plutôt qu'un véritable objectif, est de fournir aux gens les connaissances nécessaires pour subvenir à leurs besoins en temps de faibles revenus. Cette partie de la formation portera notamment sur l'éducation des consommateurs (finances personnelles), de sorte que les gens puissent gérer leurs ménages d'une manière économiquement viable en utilisant des ressources limitées.

L'autre partie du cours, plus vaste, abordera des thèmes relatifs à la perception du moi en tant que partie d'un ensemble plus grand, ensemble avec lequel on a un objectif commun. Cette perception est essentielle à la cohésion sociale. Sans elle, ce sera chacun pour soi, une société cannibale.

La dissonance croissante entre ce type de société et le type d'agrégation qui prévaut réellement aujourd'hui accentuera, sans aucun doute, la pression déjà excessive sur son fonctionnement — et le résultat en sera l'effondrement. Si cela se produit, comme l'histoire le prouve et comme il a été décrit aux chapitres précédents, la faute en sera rejetée sur les Juifs et les conséquences seront ce que chacun suppose.

C'est pourquoi se trouvent ci-dessous des points qui, je le crois, devraient être inclus dans la formation d'éducation intégrale (ÉI) afin d'apporter aux gens une vision du monde plus solidaire, et donc durable:

- L'interconnectivité de l'économie, de la culture et de la société ; ce que cela signifie pour chacun de nous. Ce sujet précisera l'évolution des désirs et comment, au quatrième niveau, nous souhaitons profiter de la richesse, de la puissance et de l'honneur, des plaisirs égoïstes qui nous poussent à nous connecter, mais négativement, afin de pouvoir exploiter les autres.

- L'interdépendance : pourquoi nous sommes devenus interdépendants et comment cela doit affecter nos relations sur les plans personnel, social et politique. Cette question devrait poursuivre l'explication de l'évolution des désirs et montrer pourquoi nos envies d'exploiter les autres nous rendent plus dépendants les uns des autres. Du fait que ces désirs nous amènent à nous engager dans des relations toujours plus étroites, tout en ayant des intentions mauvaises les uns envers les autres, nous devenons de plus en plus interconnectés parce que nous voulons exploiter les autres. Pourtant, nous sommes également solidaires parce que nous sommes dépendants des autres pour la satisfaction de nos désirs.

- Améliorer les capacités sociales, émotionnelles et mentales :

Apprendre comment faire face au chômage et à ses conséquences (le manque d'argent, le stress et la dépression qui en résultent).

Les capacités de communication, comme apprendre à écouter, à exprimer ses émotions et ses besoins clairement, à se respecter mutuellement et à lire le langage corporel. Le but est ici de désamorcer l'agressivité et d'instaurer une meilleure compréhension mutuelle.

Résoudre les conflits familiaux d'une manière non violente.

La socialisation comme moyen d'apprentissage et d'auto-enrichissement, pour soulager les tensions et rétablir l'estime de soi.

- L'utilisation des médias. Comme nous l'avons indiqué ci-dessus, les médias de masse sont l'outil le plus puissant afin de donner forme à nos points de vue et à nos valeurs. Pour cette raison, l'utilisation rationnelle des médias peut réduire les tendances agressives, encourager un comportement pro-social, et fournir des informations essentielles à une bonne compréhension du monde ainsi qu'à notre place en son sein. Précisons que le terme « médias » ne se rapporte pas seulement à la télévision et à la radio, mais aussi à Internet, aux journaux et à certaines formes de culture pop, telles que les films et la musique populaire.

- La gestion du temps : apprendre à utiliser son temps pour s'enrichir personnellement, étendre son cercle social, acquérir de nouvelles compétences professionnelles, ou les améliorer, et entretenir des liens familiaux forts et plus solides.

- Former des stagiaires comme instructeurs pour les cours et les formations à venir.

En outre, lorsque la présence physique est possible, la formation sera donnée à travers des activités sociales, des simulations, des travaux de groupe, des jeux et des présentations multimédias. L'apprentissage *ne sera pas* transmis dans le format magistral traditionnel. Au contraire, l'enseignant et les élèves s'assoiront en cercle et se parleront d'égal à égal. Ainsi, ils apprendront grâce à l'enrichissement mutuel et au partage. Lorsque la présence physique n'est pas possible, le cadre éducatif sera largement interactif, avec des exemples et des activités conçus principalement pour la formation à distance.

Les résultats d'une telle formation devraient être de deux ordres : 1) comprendre comment gérer sa vie personnelle dans l'environnement socialement et économiquement instable d'aujourd'hui ; 2) comprendre qu'il y a une loi naturelle qui anime ce développement, que cette loi est aussi sévère et inexorable que la loi de la gravité, et que nous devons tous, pour notre propre bien, maîtriser ces nouveaux moyens de faire face au changement.

Bien que nous devrons tous savoir comment nous conduire en vertu de la loi d'interdépendance, laquelle découle de la loi du don, le Créateur, cela ne signifie pas que tout le monde devra étudier la Kabbale. Ceux qui souhaiteront l'étudier pourront le faire, mais ceux qui n'ont pas le désir de révéler le Créateur contribueront tout autant au « super-organisme de l'humanité », pour reprendre les mots de Christakis et Fowler, en vivant simplement selon les lois de la garantie mutuelle, quitte à ne pas atteindre les rouages de la Création.

Tout comme vous n'avez pas besoin d'être électricien pour allumer une ampoule avec succès et en toute sécurité, tout le monde ne doit pas être Kabbaliste — ou, en termes plus contemporains, « expert dans le fonctionnement de la loi du don » — pour appliquer avec succès et en toute sécurité la loi du don dans leur vie. Après tout, cette loi existe *pour faire du bien* à Ses créations, comme nous l'avons appris au chapitre 2. Par conséquent, tout ce que nous devons apprendre, c'est de l'utiliser correctement, tout comme nous avons appris à utiliser l'électricité, la gravité, le magnétisme et toute autre loi naturelle ou force à notre avantage.

Ceci dit, tout comme les électriciens construisent des systèmes que tout le monde utilise en toute sécurité sans aucune connaissance professionnelle, les Kabbalistes devront construire des systèmes sociaux et d'enseignement qui inculquent l'attribut du don à la société, de sorte que tout le monde puisse utiliser ces systèmes bénéfiques sans même connaître la Kabbale.

3) La table ronde

Un moyen qui est d'une importance primordiale et qui mérite un article à lui tout seul, c'est le format de la table ronde. Dans ce type de discussion, tous les participants sont égaux et représentent différents points de vue, souvent opposés, sur des sujets qui sont essentiels pour le bien-être et l'équilibre de la communauté, de la ville, de l'État ou du pays.

Le but de la discussion n'est ni de concilier les différences, ni d'amener à un compromis. Au contraire, le but est de trouver un dénominateur commun qui se dresse *au-dessus* des conflits et des différends. Le résultat de la recherche d'un tel élément est que les sujets de discorde semblent soudain bien moins importants que par le passé, et même pâles en comparaison de l'unité et de la chaleur que les participants ressentent les uns pour les autres lors de telles discussions. Par la suite, les solutions aux problèmes qui persistent sont faciles à trouver, le tout dans un esprit de bonne foi, en raison de l'intérêt commun nouvellement découvert.

En Israël, plusieurs organisations et mouvements ont appliqué le format de la table ronde. Le mouvement Arvout (garantie mutuelle), par exemple, a appliqué ce mode de discussion des *centaines* de fois. Chaque fois que ce format a été utilisé, cela a été un succès majeur (de l'aveu des participants eux-mêmes.) De cette manière, des questions qui n'avaient pas été résolues pendant des années ont été résolues en quelques heures.

Jusqu'à présent, en Israël, cela a été essayé dans de grandes villes, des villages, des kibboutzim, des villages arabes et druzes, à la Knesset (parlement israélien), avec des populations en difficulté telles que les immigrants d'Éthiopie et de l'ex-Union Soviétique, et parfois en réunissant la droite la plus extrême de Judée et de Samarie aux Arabes de Cisjordanie. Ces événements prenaient fin avec une sensation d'unité et de chaleur. Pour des témoignages vidéo et pour obtenir plus de détails sur le format des tables rondes, visitez : http://www.arvut.org/en/round-table.

Des tables rondes ont été menées à travers le monde, aussi. New York et San Francisco (USA), Toronto (Canada), Francfort et Nuremberg (Allemagne), Rome (Italie),

Barcelone (Espagne), Saint-Pétersbourg et Perm (Russie) sont quelques-uns des nombreux endroits où cette forme de discussion a été mise en œuvre, récoltant le même succès qu'en Israël.

Dans un esprit d'égalité, les discussions actuelles font également participer le public et suivent la procédure suivante : un panel de personnes de divers horizons et ayant des objectifs souvent contradictoires sont assis autour de la table principale. Les personnes du panel expriment leurs points de vue sur un sujet annoncé par le présentateur de l'événement.

Ensuite, le public pose des questions aux panélistes, auxquelles l'un ou plusieurs d'entre eux répondent. C'est une règle absolue que les panélistes ne peuvent pas s'opposer aux autres panélistes ou couper la parole. La critique personnelle est également strictement interdite. De cette façon, le public écoute une variété de points de vue qui ne s'opposent pas entre eux, mais *se complètent.*

Par la suite, le public se divise en plusieurs tables rondes et discute des questions posées par le présentateur, de la même manière et dans le même esprit que celui du panel. Enfin, les tables se réunissent à nouveau en une assemblée générale, chaque table présente ses conclusions et partage ses impressions de l'événement dans son ensemble.

Récemment, des tables rondes en ligne ont même été essayées et elles se sont avérées, elles aussi, une réussite. Naturellement, chaque endroit a une mentalité unique et chaque média, événement en direct, réunion en ligne ou émission de télévision a ses avantages et ses inconvénients. Par conséquent, il n'y a pas deux événements identiques. Pourtant, l'esprit de camaraderie et l'engagement vis-à-vis de la garantie mutuelle, qui sont à la base de toutes ces discussions, assurent le succès de ces délibérations uniques. Bien que la grande majorité des sociétés soient encore loin d'avoir intégré les notions de garantie mutuelle, ces discussions, comme les témoignages vidéo le montrent, réussissent à simuler un véritable sentiment de ce que sera une société de garantie mutuelle.

Les enfants éduqués intégralement

Alors que les adultes doivent assumer la responsabilité qui consiste à changer leur environnement social positivement, la situation est beaucoup plus compliquée quand il s'agit d'enfants et d'adolescents. Ici, c'est la responsabilité des adultes enseignants et des éducateurs de construire un environnement qui inculque les bienfaits de l'union, que ce soit par des initiatives privées ou avec l'appui du gouvernement.

Le système éducatif actuel approuve la compétition sans limites. En soi, la compétition est naturelle et n'est pas intrinsèquement négative. Mais si nous considérons la culture concurrentielle d'aujourd'hui et ce qu'elle a fait de nous, pire encore de nos enfants, il est clair que nous en faisons un mauvais usage.

Dans *No Contest : The Case Against Competition* (*Pas de concours : un plaidoyer contre la compétition*), Alfie Kohn, un dissident connu de la concurrence, cite le psychologue Elliot Aronson : « Du joueur de balle de ligue junior qui éclate en sanglots après l'échec de son équipe, aux étudiants universitaires qui dans le stade de football scandent "nous sommes les champions !" ; de Lyndon Johnson, dont le jugement a certainement été altéré par le désir, souvent avoué, de ne pas être le premier président américain à perdre une guerre ; jusqu'à l'élève de troisième année qui déteste son/sa camarade de classe pour une note supérieure en arithmétique, nous manifestons une obsession culturelle stupéfiante pour la victoire[260]. »

En effet, les bibliothèques et Internet débordent d'études indiquant que la compétition et l'individualisme sont mauvais et que la collaboration et la coopération sont bonnes, tant sur les lieux de travail qu'à l'école. Jeffrey Norris a publié un article au Centre de nouvelles de l'UCSF, intitulé « Le Prix Nobel de Yamanaka met en valeur la formation et la collaboration ». Dans cet article, Norris affirme : « Le savant cloîtré qui travaille jusqu'à tard dans la nuit pour achever une expérience révolutionnaire, expérience qui le mène à laisser échapper un "Eureka !" dans un moment d'extase solitaire, n'est en fait qu'une scène de films hollywoodiens. La science, en réalité, est une entreprise très sociale[261]. » Plus loin, à la section « Collaboration synergique, moteur du progrès », il ajoute : « Dans les surfaces ouvertes des laboratoires scientifiques modernes, chaque chercheur scientifique principal travaille avec plusieurs stagiaires postdoctoraux, étudiants diplômés et techniciens, de sorte qu'un visiteur ne pourrait pas dire où se termine un laboratoire et où l'autre commence. Les idées scientifiques et la camaraderie sont entretenues dans un environnement interactif[262]. »

Il en va de même à l'école. De nombreuses expériences ont déjà été menées sur les avantages de la collaboration dans le système éducatif. Dans un essai intitulé « An Educational Psychology Success Story: Social Interdependence Theory and Cooperative Learning » (Histoire de la réussite d'une psychologie éducative : la théorie de l'interdépendance sociale et de l'apprentissage coopératif), les professeurs David W. Johnson et Roger T. Johnson de l'Université du Minnesota présentent le cas de la théorie de « l'interdépendance sociale ». Voici ce qu'ils ont à dire : « Plus de 1200 études ont été menées au cours des 11 dernières décades sur les efforts coopératifs, concurrentiels et individualistes. Les résultats de ces études ont validé, modifié, amélioré et développé la théorie[263]. »

Les auteurs précisent en détail ce que ces études avaient découvert. Les chercheurs ont comparé l'efficacité de l'apprentissage coopératif à l'apprentissage individuel et compétitif couramment utilisé. Les résultats étaient sans équivoque. En termes de responsabilité individuelle et de responsabilité personnelle, concluaient-ils, « L'interdépendance positive qui relie les membres du groupe provoque des sentiments de responsabilité pour (a) remplir sa part du travail et (b) faciliter le travail des autres membres du groupe. En outre, lorsque la performance d'une personne influe sur les résultats des collaborateurs, la personne se sent responsable de leur bien-être ainsi que du sien. Échouer soi-même est mauvais, mais faire défaut à d'autres ainsi qu'à soi-même, c'est encore pire[264.] » En d'autres termes, l'interdépendance positive transforme les gens individualistes en des personnes attentives et collaboratrices, tout à l'opposé de la tendance actuelle de l'individualisme croissant, qui pousse au narcissisme.

Johnson et Johnson font la distinction entre l'interdépendance positive et l'interdépendance négative. Le genre positif implique « une relation positive dans la réalisation des objectifs individuels ; les individus comprennent qu'ils ne peuvent atteindre leurs objectifs que si — et seulement si — les autres personnes, avec qui ils collaborent, atteignent leurs objectifs[266]. » Le genre négatif signifie que « les individus comprennent qu'ils ne peuvent atteindre leurs objectifs que si — et seulement si — les autres personnes avec qui ils sont en concurrence ne parviennent pas à atteindre les leurs[267] ».

Afin de démontrer les avantages de la collaboration, les chercheurs ont évalué les résultats des élèves qui ont coopéré par rapport à ceux qui ont été en concurrence. Selon leurs conclusions, « La personne moyenne qui a coopéré a eu des résultats mesurés à deux tiers de l'écart-type au-dessus de la personne moyenne qui s'est retrouvée en une situation de concurrence, ou fin seule[268]. »

Pour comprendre la signification d'un tel écart, considérez que si un étudiant avec une moyenne de D coopère, les notes de cet étudiant feront un bond et il obtiendra une étonnante moyenne d'A+. En outre, les Johnson ont écrit : « La coopération, comparée aux efforts compétitifs et individuels, tend à promouvoir une plus grande mémorisation à long terme, une motivation essentielle supérieure et une espérance de réussite, une pensée plus créative [...] et une attitude plus positive à l'égard des devoirs et de l'école[269]. » En d'autres termes, non seulement les enfants bénéficient de cette attitude pro-sociale, mais la société dans son ensemble y gagne aussi.

Au début de 2012, j'ai coécrit avec le professeur de psychologie et gestalt-thérapeute, le Dr Anatoly Oulianov, un livre intitulé *Psychologie de la société intégrale*. Le livre détaille les éléments essentiels de l'ÉI avec des références spécifiques à la société extrêmement concurrentielle d'aujourd'hui. Pour l'essentiel, le livre suggère que, puisque la compétition est inhérente à la nature humaine — comme nous l'avons stipulé entre autres ici au sujet de l'aspiration du degré parlant pour la richesse, la puissance et l'honneur —, nous ne devrions pas l'inhiber. Au lieu de cela, plutôt que de rivaliser pour être le roi (ou la reine) de la montagne, pour ainsi dire, nous pouvons adopter un climat social qui approuve la compétition entre personnes qui contribuent le plus au bien-être des autres.

Plus précisément, ceux qui seront déclarés gagnants sont ceux qui en auront fait le plus pour rendre les *autres* meilleurs. En un sens, c'est une compétition pour être celui qui aime le plus les autres. Ainsi, l'impulsion naturelle des enfants à exceller, et plus particulièrement à exceller plus que les autres, n'est pas inhibée ; ceci leur permet de réaliser leur plein potentiel tout en le canalisant au profit de la société, plutôt qu'au leur, puisque la seule façon de gagner ce genre de compétition est d'être le meilleur à faire le bien. De cette façon, la compétition devient un outil pour forger l'attribut du don chez l'enfant.

Pour favoriser une atmosphère aussi saine, les relations amicales et les relations entre les enseignants et les élèves doivent refléter ces valeurs pro-sociales. Cela implique quelques modifications au style d'enseignement traditionnel. L'ÉI part du principe que le principal défi à relever dans le système d'éducation d'aujourd'hui n'est pas la transmission de l'information, mais le développement de capacités par lesquelles obtenir l'information rapidement, et ce, d'une manière qui serve le mieux les différents objectifs des élèves.

Ce changement au paradigme traditionnel s'explique par le fait que la vie d'aujourd'hui est très différente de celle qui prévalait à l'époque de la révolution industrielle, époque au cours de laquelle le concept de cours magistral, avec l'enseignant en face des élèves, a été établi. À l'ère de l'information, les données s'accumulent si vite que les expériences passées ne peuvent servir que de base à un apprentissage plus poussé. En préparation au monde des adultes d'aujourd'hui, les élèves doivent apprendre *comment* s'instruire, plutôt que d'absorber de l'information.

De plus, en raison du caractère interconnecté et interdépendant du monde d'aujourd'hui, les enfants doivent comprendre, dès le début, que l'intérêt égoïste seul ne conduit pas au bonheur. Au contraire, comme Johnson et Johnson le démontrent, la considération mutuelle et l'ouverture aux autres favoriseront bien davantage leurs chances de succès et de bonheur.

Toutefois, les enfants doivent s'initier à l'interdépendance dans la vie réelle ; pas seulement d'en entendre parler, ou d'en parler. Une façon pratique d'y parvenir est de transformer la classe en un microcosme, un mini-environnement, une petite famille où chacun s'occupe de l'autre.

À cette fin, l'ÉI propose que les étudiants et les enseignants, ou « éducateurs » comme ils sont nommés dans l'ÉI, soient assis en rond et que l'enseignement se fasse par des discussions animées sur un sujet. Les cercles placent l'éducateur et les élèves au même niveau, ainsi l'éducateur peut guider la discussion délicatement vers l'apprentissage, et plus important encore, vers la compréhension mutuelle, sans être autoritaire ou dominateur.

Une autre question importante est le programme scolaire. Celui-ci devrait refléter la nature interconnectée du monde. Le programme devrait également soutenir l'intégration de différentes matières. Ainsi, les domaines d'étude tels que les mathématiques, la physique et la biologie ne seront pas enseignés séparément, mais dans un contexte qui évoque la Nature dans son ensemble, qui amène à comprendre comment les lois des trois disciplines fonctionnent réellement.

L'intégration devrait être inhérente à l'étude proprement dite. Il serait fort probable de voir des étudiants appliquer les lois de la biologie dans leurs études en sciences humaines. Après tout, l'humanité a déjà été étiquetée comme « super-organisme », alors appliquer les lois de la biologie à la société humaine semble une évolution naturelle.

À noter également que dans l'ÉI les éducateurs ne sont souvent pas des enseignants, mais des *élèves plus âgés*. Cela renforce la cohésion globale et la camaraderie entre les élèves de différents groupes d'âge ; cela développe les aptitudes verbales et pédagogiques des jeunes éducateurs et amène une assimilation beaucoup plus profonde de l'information chez les tuteurs, vu qu'ils doivent l'enseigner.

Mais surtout, lorsque les jeunes tuteurs enseignent à la place d'enseignants adultes, les problèmes de discipline deviennent presque inexistants. Du fait que les enfants plus jeunes se tournent naturellement vers les enfants plus âgés qu'eux de deux ou trois ans, au lieu de contrarier les éducateurs, comme souvent envers les enseignants adultes, ils cherchent leur estime et font la course pour être le meilleur élève aux yeux des tuteurs. Ajoutez-y l'aspiration, mentionnée ci-dessus, d'être le meilleur à faire le bien, et vous obtiendrez une atmosphère scolaire à laquelle les enfants auront plaisir à se joindre le matin, environnement dans lequel ils grandiront pour devenir des adultes confiants et pro-sociaux.

Conformément aux objectifs poursuivis par l'ÉI, l'enseignement lui-même sera donné en groupes, car c'est la forme la plus avantageuse d'étude afin de développer des aptitudes sociales et de transmettre de l'information (tel que mentionné dans les études de Johnson et Johnson.) Ainsi, l'évaluation d'un étudiant ne sera pas faite selon sa capacité à mémoriser et à réciter en vue d'un examen standardisé. Au contraire, les évaluations seront données à des groupes plutôt qu'à des individus. Cela permettra d'améliorer encore plus le sens de la responsabilité collective et de la garantie mutuelle entre les élèves.

Ceci dit, les enseignants et les éducateurs enverront régulièrement des rapports aux parents et aux directeurs scolaires en ce qui concerne les progrès sociaux et éducatifs des enfants. Puisque les enseignants seront beaucoup plus près des élèves que ne le permettent les méthodes d'enseignement d'aujourd'hui, ils verront si un problème survient chez un enfant bien avant qu'il ne dégénère en une crise majeure.

Une fois par semaine, les élèves devraient sortir de l'école et faire des excursions. Afin de connaître le monde dans lequel ils vivent, le système éducatif doit leur donner des connaissances directes sur les institutions qui affectent leurs vies ; les instances dirigeantes, l'histoire et la nature des lieux où ils vivent. Chacune de ces sorties devrait inclure des visites au musée, des randonnées dans les parcs avoisinants, des excursions dans des communautés agricoles, la visite d'usines, d'hôpitaux, d'institutions gouvernementales et de commissariats de police, etc.

Chacune de ces excursions nécessitera une préparation qui donnera aux élèves une connaissance préalable de l'endroit qu'ils visiteront ; le rôle de ce lieu dans la société, ce à quoi il contribue, les solutions de rechange, et les origines de cet endroit ou institution.

Par exemple, avant une sortie à la station de police locale, les élèves feront des recherches au sujet de la police sur Internet, si possible avec des informations spécifiques sur le poste qu'ils s'apprêtent à visiter. Ils apprendront comment la police en est venue à son mode d'action actuel, comment elle s'intègre dans la vie de nos sociétés, et quelles seraient les solutions de rechange que nous pourrions lui trouver.

De cette façon, les enfants s'instruisent sur le monde où ils vivent, développent une pensée créative afin d'imaginer un avenir plus souhaitable, pratiquent le travail d'équipe, et améliorent leurs capacités d'apprentissage. À la suite d'une excursion, de nouvelles discussions permettront aux élèves de partager ce qu'ils ont appris, d'en tirer des conclusions, de faire des suggestions, puis de comparer ce qu'ils ont découvert avec les notions qu'ils avaient sur le sujet avant la sortie.

Il y aurait beaucoup plus à dire sur les écoles qui enseigneront l'ÉI, tout comme sur les relations parents-école-élève, l'approche pour les devoirs, le nombre d'heures passées à l'école, les vacances, la ligne de conduite au sujet des punitions (ou non), etc. En nous étendant sur ces sujets, nous irions au-delà de la portée de ce livre, mais l'idée entourant l'ÉI doit néanmoins être claire : les enfants ont besoin d'apprendre dans un environnement interconnecté et d'expérimenter directement les avantages et le plaisir associés à la vie d'un tel environnement.

Notre privilège, notre devoir, notre heure

Une dernière chose doit être mentionnée en ce qui concerne l'éducation des adultes, des jeunes et des enfants. Aucune forme d'éducation intégrée ne sera un succès si elle ne vise qu'à améliorer nos vies matérielles. Bien que ce soit un objectif souhaitable, il ne sera pas atteint sans la profonde compréhension que l'humanité tout entière avance vers une ère d'interconnexion et d'interdépendance, *car c'est la loi de la nature*.

Les gens n'ont pas besoin de nommer cela « le Créateur ». Il n'est nécessaire pour personne d'aspirer à atteindre un niveau de perception plus élevé, plus profond, plus étendu, sauf s'il existe une volonté pour ce faire. Cependant, les gens *devront* savoir que l'équivalence de forme, le fait d'être semblable à la loi de la nature — interconnectés —, nous prescrit d'adapter notre mode de vie en conséquence.

Ceux qui mettent en place et conçoivent les programmes d'études devront être, comme nous venons de le mentionner, des Kabbalistes. Ceci dit, l'étude de la Kabbale ne sera jamais obligatoire parce que seuls ceux qui souhaitent se transformer, se consacrer au service des autres, se doter réellement de l'attribut du don se voueront à cette vocation.

Certes, une telle transformation sociale est une lourde tâche. Pourtant, nous Juifs, nous nous sommes transformés auparavant. Qu'il soit endormi ou éveillé, le souvenir de cette transformation existe en chacun de nous. La tâche de racheter l'humanité n'a été confiée à aucune autre nation qu'aux Juifs, et les outils pour l'accomplir n'ont été donnés à aucune autre nation non plus. C'est notre vocation, c'est notre privilège, c'est notre devoir, et c'est notre heure.

La méthode d'enseignement suggérée ci-dessus a été conçue à partir de ce sens de l'engagement. Cette méthode peut sembler peu orthodoxe, mais ses fondements sont ancrés au plus profond de notre histoire et au plus profond de nos âmes, et ses « préceptes » ont été testés avec succès par d'autres doctrines. Elle réussira si nous nous unissons. Elle échouera si nous ne nous unissons pas. Comme nos sages l'ont dit : « Grande est la paix, car même si Israël adore des idoles, s'il y a la paix entre eux, le Créateur dit : "C'est comme si je ne pouvais pas les gouverner, car il y a la paix entre eux[270]." »

Je voudrais terminer par une référence aux paroles du Baal HaSoulam, à la fin de son « Introduction au Livre du Zohar ». Il conclut son introduction avec une déclaration voulant que si Israël menait à bien sa mission et apportait le bonheur au monde à travers l'unité et l'acquisition de l'attribut du don, les paroles du prophète Esaïe se réaliseraient, et les nations se joindraient à nous et nous aideraient dans notre mission. Comme le cite Baal HaSoulam : « Ainsi parle le Seigneur, l'Éternel : Voici, Je lèverai ma main vers les nations, Je dresserai ma bannière vers les peuples, et ils porteront tes fils entre leurs bras, et tes filles seront portées sur leurs épaules. » (Esaïe 49, 22)

Épilogue

L'humanité mérite d'être réunie en une seule famille. Quand cela sera réalisé, toutes les querelles et la mauvaise volonté, qui découlent des divisions entre les nations et de leurs limites, auront cessé. Cependant, le monde a besoin d'être adouci, et par cela l'humanité se complétera grâce aux caractéristiques uniques de chaque nation. Ce manque est ce que l'Assemblée d'Israël viendra compléter.

Rav Kook, *Orot Raiah [Lumières de la Raiah],Shavouot*, p. 70

Il ne m'a pas été facile d'écrire ce livre. J'ai écrit des dizaines de livres, mais aucun n'a été aussi exigeant émotionnellement, ni aussi stimulant intellectuellement. Depuis de nombreuses années, je sais la tâche qui se tient devant nous, mais j'ai toujours hésité à écrire directement à mes frères juifs. Je ne voulais pas être perçu comme hautain ou autoritaire. Être un moralisateur ennuyeux ou un sermonneur n'est pas non plus ma priorité.

Pourtant, mes études kabbalistiques avec le Rabash m'ont appris que la direction dans laquelle le monde s'en va annonce le chaos. C'est pourquoi le Baal HaSoulam et son fils le Rabash étaient plus désireux de diffuser cette ancienne sagesse — qu'ils voyaient comme un remède à l'égoïsme croissant de l'humanité — que n'importe lequel des Kabbalistes précédents.

L'interdépendance de plus en plus croissante du monde inquiétait le Baal HaSoulam dès le début des années 1930, époque où très peu de personnes dans le monde étaient même conscientes du processus. Il savait que cela conduirait à une crise irrémédiable. Si l'humanité n'opposait pas à cette dépendance mutuelle la garantie mutuelle, il savait que la nature humaine ne serait pas en mesure de tolérer le contraste entre l'interdépendance et l'aversion réciproque.

Bien que nous en étions alors à un stade précoce de notre mondialisation, le Baal HaSoulam se rendit compte que le processus était irréversible, car nous sommes les parties d'une âme unique, d'un seul désir, que nous sommes intrinsèquement liés. Il savait aussi, comme tous les sages cités dans ce livre, que l'objectif pour lequel nous avons été créés n'était pas que les gens soient éloignés et haineux, mais qu'ils créent des liens et s'unissent par l'attribut du don.

Aujourd'hui, nous voyons combien il avait raison. Nous sommes désespérément mal connectés et à cause de cela, nous sommes pleins de ressentiment. Nos systèmes sociaux, tels que l'économie, la santé et l'éducation, supposent que la mauvaise volonté est à la base des relations humaines ; et donc chaque entité se barricade derrière des règlements, des législations et des avocats.

Mais ce *modus operandi* est insupportable. De même que les bonnes familles présument qu'il existe une bonne volonté entre leurs membres, tous les membres de l'humanité devraient apprendre à se faire confiance.

Cependant, comme indiqué dans ce livre, vu que notre ego évolue constamment et qu'il met l'accent sur notre particularité plutôt que sur notre unité, nous avons besoin d'une méthode pour nous aider à réaliser l'unité au-delà de notre diversité, sans supprimer ou détruire cette dernière.

Cette méthode est enracinée dans le patrimoine spirituel de notre peuple, et c'est le don des Juifs à l'humanité, le salut que toutes les nations attendent des Juifs.

Le don peut être transmis par la sagesse de la Kabbale, par l'éducation intégrale, par les moyens que le Baal HaSoulam a suggérés dans *La Nation*, ou par tout autre moyen qui aboutira à un changement fondamental de la nature humaine ; de la désunion à l'union, de l'animosité à l'empathie et au souci de l'autre. Si nous parvenons à cette unité, alors plus nos caractères différeront, plus forts et plus chaleureux seront nos liens. Comme Rabbi Nathan Sternhertz le soutient : « Cela dépend principalement de l'homme, qui est le cœur de la Création et de qui tout dépend. C'est pourquoi "Aime ton prochain comme toi-même" est la grande *Klal* (« règle », mais aussi « collectivité ») de la Torah, pour s'inclure dans l'unité et la paix, ce qui est le cœur de la vitalité, de la persévérance et de la correction de l'ensemble de la Création par des personnes de différentes opinions, rassemblées dans l'amour, l'unité et la paix[271]. »

En effet, la beauté de notre peuple est dans son unité, sa cohésion. Notre nation est née d'un groupe de personnes qui partageaient un désir commun : découvrir la force essentielle de la vie. Nous avons découvert qu'elle était, en un mot, « l'amour », et nous l'avons découvert parce que nous avons développé cet attribut en nous. Cette force d'amour nous a unis, et dans un esprit d'amour, nous avons cherché à partager notre découverte avec quiconque le voulait.

Au fil du temps, nous avons perdu notre connexion, d'abord entre nous, ensuite avec la force que nous avions découverte à travers notre lien. Mais à présent, le monde a besoin que nous ravivions ce lien, d'abord entre nous, et ensuite nous l'étendrons à l'ensemble de l'humanité.

Nous sommes une nation douée, une nation qui possède le don de l'amour, qui est la qualité du Créateur. Recevoir ce don est le but pour lequel l'humanité a été créée et nous sommes le seul moyen par lequel cet amour peut se déployer vers toutes les nations. Depuis l'aube de l'humanité, « jamais si peu de personnes n'ont dû tant à tant d'autres » pour paraphraser les paroles de Winston Churchill. Pourtant, jamais si peu de personnes n'ont été capables de donner tant à tant d'autres.

En effet, comme le dit le Baal HaSoulam, « C'est à la nation israélienne de se qualifier elle-même et de qualifier tous les peuples du monde [...] pour se développer, jusqu'à ce qu'ils prennent sur eux ce travail sublime de l'amour des autres, qui est l'échelle vers le but de la création, qui est la *Dvékout* (équivalence de forme) avec Lui[272] ».

Notes

[1] Rav Yéhouda Leib HaLevi Ashlag (Baal HaSoulam), *Les écrits du Baal HaSoulam*, " Les écrits de la dernière génération" (Institut de recherche Ashlag: Israël, 2009), 813-814.

[2] *Massekhet Derekh Eretz Zouta*, Chapitre 9.

[3] *Massekhet Yoma*, p 9b.

[4] Rabbi Kalonymus Kalman Halevi Epstein, *Maor va Shemesh (lumière et soleil)*, *Parashat* (Portion) Balak

[5] Jean M. Twenge et W. Keith Campbell, *The Narcissism Epidemic: Living in the Age of Entitlement* (New York: Free Press, A Division of Simon & Schuster, Inc. 2009), 1.

[6] Jean M. Twenge et W. Keith Campbell, *The Narcissism Epidemic*, 1-2.

[7] Rav Moshe Ben Maimon (Maïmonide), *Mishné Torah* (*Répétition de la Torah*, a.k.a. *Yad HaChazaka* (Main puissante Partie 1, "Le livre de science," Chapitre 1, Item 3.

[8]Rabbi Yéhouda HaLevi, *Le Kuzari*, "premier article," item 31, 60.

[9] HaRav Avraham Yitzchak HaCohen Kook, *Lettres du RAAIAH 3* (Mosad HaRav Kook, Jérusalem, 1950), 194-195.

[10] Yéhouda Leib Arie Altar (ADMOR de Gour), *Sefat Emet*, *Parashat Yitro* [Portion, Jéthro], *TARLAZ* (1876).

[11] Rabbi Shmuel Bornstein, *Shem MiShmuel* [*Au nom de Samuel*], *Haazinu*, *TARAP* (1920).

[12] ibid.

[13] Rav Yéhouda Leib HaLevi Ashlag (Baal HaSoulam), *Les écrits du Baal HaSoulam*, "La paix dans le monde" (Institut de recherche

Ashlag, Israël, 2009), 464-5.

[14] Rav Yéhouda Leib HaLevi Ashlag (Baal HaSoulam), *Les écrits du Baal HaSoulam*, "L'amour de Dieu et l'amour de l'homme " (Institut de recherche Ashlag, Israël, 2009), 486.

[15] Yéhouda Leib Arie Altar (ADMOR de Gour), *Sefat Emet Parashat Yitro* [Portion, Jéthro], *TARLAZ* (1876).

[16] *Sefer HaYashar* [*Le livre de celui qui est droit*] Portion Noé, *Parasha* 13 item 3.

[17] *Pirkey de Rabbi Eliezer* [*Chapitres de Rabbi Eliezer*], Chapitre 24

[18] ibid.

[19] Rav Moshe Ben Maimon (Maïmonide), *Mishné Torah* (*Yad HaChazakah* (*La Main puissante)* Part 1, "Le livre de la science," Chapitre 1, Item 1.

[20] Maïmonide, *Yad HaChazakah* (*v*), Part 1, "Le livre de la science," Chapitre 1, Item 3.

[21] Rav Yéhouda Leib HaLevi Ashlag (Baal HaSoulam), *Les écrits du Baal HaSoulam*, " La paix dans le monde" (Institut de recherche Ashlag, Israël, 2009), 406-7.

[22] Maïmonide, *Yad HaChazakah* (*The Mighty Hand*), Part 1, "Le livre de la science," Chapitre 1, Item 3.

[23] *Midrash Rabba*, *Béréshit*, Portion 38, Item 13.

[24] *Midrash Rabba*, *Béréshit*, Portion 38, Item 13.

[25] Maimonide, *Yad HaChazakah* (*La main puissante*), Part 1, "Le livre de la science," Chapitre 1, Item 3.

[26] ibid.

[27] ibid.

[28] Rabbi Meir Ben Gabai, *Avodat HaKodesh* [*Le saint travail*], Part 3, Chapitre 27.

[29] Elimelech of Lizhensk, auteur de *Noam Elimelech* (*L'amabilité d'Elimelech*), *Likoutei Shoshana* ("Collections de Rose") (First

published à Levov, Ukraine, 1788), obtenu de http://www.daat.ac.il/daat/vl/tohen.asp?id=173

[30] Shlomo Ephraim Luntschitz, auteur de *Keli Yakar* [*Précieux récipient*], *A propos de Béréshit* [Genèse], 32:29.

[31] Chaim ibn Attar, dans *Ohr HaChaim* [*lumière de vie] Bamidbar* [Nombres], Chapitre 23, Item 8, https://sites.google.com/site/magartoratemet/tanach/orhahaym

[32] Baruch Shalom Ashlag (Rabash), *Les écrits du Rabash*, Vol. 1, Article no. 9, 1988-89 (Institut de recherche Ashlag, Israël, 2008), 50, 82, 163.

[33] Rabbi Meir Ben Gabai, *Avodat HaKodesh* [*Le saint travail*], Part 2, Chapitre 16.

[34] Rabbi Isaiah HaLevi Horowitz (Le saint Shlah), *Toldot Adam* [*les générations de l'homme*], "la maison de David," 7.

[35] Rav Yéhouda Leib HaLevi Ashlag (Baal HaSoulam), *Les écrits du Baal HaSoulam*, "Introduction à la préface de la sagesse de la Kabbale " (Institut de recherche Ashlag, Israël, 2009), 155.

[36] Rav Yéhouda Leib HaLevi Ashlag (Baal HaSoulam), *Les écrits du Baal HaSoulam*, "Introduction au livre du Zohar" (Institut de recherche Ashlag, Israël, 2009), 432.

[37] Rabbi Shlomo Ben Yitzhak (RASHI), *The RASHI Interprétation de la Torah*, "à propose de l'Exode," 19:2.

[38] Midrash Tanah De Bei Eliyahu Rabah, Chapitre 28.

[39] Midrash *Tanhouma*, *Nitsavim*, Chapitre 1

[40] Ithak Eliyahu Landau, Rabbi Shmouel Landau, *Massekhet Derekh Eretz Zouta*, Chapitre 9, items 28-29 (Vilna: Printer: Rabbi Hillel, 1872), 57-58.

[41] Talmud de Babylone, *Massekhet Berakhot* [traits des bénédictions] p 44a ; Maimonide, *Mishné Torah*, "Règles des bénédictions," Chapitre 8, Règle 14 ; Rav Moshe Cordovero (le Ramak), *un verger de grenades*, Porte 23, Chapitre 5 ; et autres.

[42] Rabbi Isaiah HaLevi Horowitz (Le saint Shlah), *Massekhet*

Pessachim, Sixième Interprétation, (27) ; Rabbi Menachem Nachum de Chernobyl, *Maor Eynaim, Lekh Lekha* [Va], Rabbi Tzadok HaCohen de Lublin, *Les pensées du Diligent*, item 19, et bien d'autres.

43 Yéhouda Ashlag, *Talmud Esser Sefirot* (*L'étude des dix Sefirot*), Part 1, *Histaklout Pnimit* (Réflexion intérieure), Chapitre 2, items 10-11 (Jérusalem: M. Klar, 1956), 17.

44 ibid.

45 Rabbi Isaiah HaLevi Horowitz (Le Saint Shlah), *Massekhet Pesachim*, Sixième Interprétation, (27).

46 Rabbi Nathan Sternhertz, *Likoutey Halachot*,"règles de la *Tefilat Arvit* [prière du soir]," Règle n° 4.

47 Yéhouda Ashlag, *Talmud Esser Sefirot* (*L'étude des dix Sefirot*), 1ère partie, "Introduction à l'étude des dix Sefirot," items 104-105 (Jérusalem: M. Klar, 1956), 31.

48 Rav Yéhouda Leib HaLevi Ashlag (Baal HaSoulam), *Les écrits du Baal HaSoulam*, "Introduction au livre *Panim Meirot ouMasbirot* [visage brillant et accueillant]" (Institut de recherche Ashlag, Israël, 2009), 150.

49 Rabbi Isaac Louria (Le St ARI), *L'arbre de vie*, porte 39, Article n° 3.

50 Rabbi Meïr Leibush ben Iehiel Michel Weiser (Le MALBIM), sur Rois1, 8:10, Section, "explication du sujet."

51 Rabbi Pinhas HaLevi Horovitz, *Sefer HaMikneh*, *Massekhet Kidoushin* [traité relatif au mariage], p 82a.

52 Rabbi Abraham Ben David, (LE RABaD), *Le commentaire du RABaD du livre de la Création* Chapitre 2, Etude no. 2.

53 Rav Yéhouda Leib HaLevi Ashlag (Baal HaSoulam), *Les écrits du Baal HaSoulam*, "La liberté" (Institut de recherche Ashlag, Israël 2009), 415.

54 Rabbi Nathan Neta Shapiro, *Révéler des choses profondes*, *Parashat Shemot* [Exode].

[55] Rav Yéhouda Leib HaLevi Ashlag (Baal HaSoulam), *Les écrits du Baal HaSoulam*, “Introduction au livre, *Panim Meirot ouMasbirot* [Visage brillant et accueillant]” (Institut de recherche Ashlag, Israël, 2009), 134.

[56] Maïmonide, *Yad HaChazakah* (*La main puissante*), Part 1, “Le livre de la science,” Chapitre 1, Item 1.

[57] Rav Yéhouda Leib HaLevi Ashlag (Baal HaSoulam), *Les écrits du Baal HaSoulam*, “Introduction au livre du Zohar,” items 43-44 (Institut de recherche Ashlag, Israël, 2009), 444.

[58] Rav Baruch Shalom Ashlag (le Rabash), *Les écrits du Rabash*, “Sur mon lit la nuit” (Institut de recherche Ashlag, Israël, 2008), 129.

[59] Rabbi Shimon Bar Yochai (Rashbi), *Le livre du Zohar* (avec le commentaire du *Soulam* [échelle] du Baal HaSoulam, *Nouveau Zohar*, *Parashat Toldot*, vol. 19, item 31 (Jérusalem), 8-9.

[60] Rabbi Isaiah HaLevi Horowitz (Le St Shlah), *Massekhet Soukka* [traité, *Soukka*], Chapitre, “Torah, lumière” (13).

[61] Rabbi Naphtali Tzvi Yéhouda Berlin (le NATZIV de Volojin), *Haamek Davar* [*Approfondie le sujet*] à propos de *Béréshit* [Genèse], Chapitre 47:28.

[62] *Pirkey de Rabbi Eliezer* [*Chapitres de Rabbi Eliezer*], Chapitre 24

[63] Rav Yéhouda Leib HaLevi Ashlag (Baal HaSoulam), *Les écrits du Baal HaSoulam*, “Introduction tau livre *Panim Meirot ouMasbirot* ” (Institut de recherche Ashlag, Israël, 2009), 134.

[64]Rabbi Isaiah HaLevi Horowitz (Le St Shlah), *dans dix paroles*, “Sixième parole.”

[65] Rabbi Shimon Ashkenazi, *Yalkut Shimoni*, Miché, Chapitre 7, continuation de l’intimation n° 556.

[66] *Midrash Raba*, *Shemot* [Exode], Portion 30, Paragraphe 17.

[67] Ramchal (Rav Moshe Chaim Lozzatto), *Daat Tevounot*, 154, 165.

[68] Rav Yéhouda Leib HaLevi Ashlag (Baal HaSoulam), *Les écrits du Baal HaSoulam*, *Shamati* [J'ai entendu], Article n°5, "*Lishma* est un éveil d'en haut, et pourquoi avons-nous besoin d'en éveil d'en bas ?" (Institut de recherche Ashlag Israël, 2009), 518.

[69] *Midrash Raba Kohelet* [Ecclésiaste], Portion 1, Paragraphe 34.

[70] Rabbi Isaiah HaLevi Horowitz (Le St Shlah), "porte des lettres," Item 60, "Satisfaction."

[71] Ramchal (Rav Moshe Chaim Lozzatto), *Daat Tevunot*, 154, 165.

[72] Maimonides, *Yad HaChazakah* (*La main puissante*), Part 1, "le livre de la science," Chapitre 1, Item 3.

[73]Rabbi Shlomo Ben Yitzhak (RACHI), *L'interprétation du RACHI sur la Torah,* Exode, 19:2."

[74] Talmud de Babylone, *Massekhet Sanhedrin,* p 94b.

[75] "Il est appelé le pays de 'Canaan' parce que tous ceux qui veulent y habiter, doivent connaitre des souffrances tous les jours (Rav Chaim Vital (Rachu), *Le livre de la connaissance du bien*, *Bo* [Viens])

[76] Midrash *Tehilim* [Psaumes], Psaume n° 34.

[77] Rabbi Chaim Thirer, *Un puits d'eau vivante, Toldot* [Générations], Chapitre 25 (contd.).

[78]Rabbi Behayei Ben Asher Even Halua, *Rabeinu Behayei à propos de Béréshit* [Genèse], 46:27.

[79] Rabbi Yisrael Segal, *Netzah Yisrael,* Chapitre 5.

[80]Rabbi Abraham Ben Meir Ibn Ezra, *Ibn Ezra à propos du Cantique des cantiques,* 7:3.

[81] Rabbi Menahem Nahum de Chernobyl, *Maor Eynaim* [*lumière des yeux*], *Bereshit* [Genèse].

[82] Jonathan ben Natan Netah Eibshitz, *Yaarot Devash* [*rayons de miel*], Part 1, Traité no. 13 (contd.).

[83] Abraham Ben Mordechai Azulai, Introduction au livre *Ohr HaChama* (*lumière du soleil*), 81.

[84]Rav Chaim Vital, *Les écrits du Ari, l'arbre de vie,* 1ère Partie, "Introduction de Rav Chaim Vital," 11-12

[85] Le Gaon de Vilna (GRA), *Even Shlemah* (*un poids parfait et correct*), Chapitre 11, Item 3

[86] Rav Yitzhak Yéhouda Yehiel de Komarno, *Notzer Hessed*, Chapitre 4, enseignement 20

[87]Rav Yitzhak HaCohen Kook (Le Raiah), *Orot* [*lumières*], 95.

[88] Rav Yitzhak HaCohen Kook (Le Raiah), *Otzrot HaRaiah* [*les trésors du Raiah*], 2, 317

[89] Rav Moshe Chaim Lozzatto (Ramchal), *Adir BaMarom*, "Explication du rêve de Daniel" (Varsovie, 1885).

[90] Rav Moshe Chaim Lozzatto (Ramchal), *Le commentaire du Ramchal de la Torah, BaMidbar* [Nombres].

[91]Rav Yitzhak HaCohen Kook (le Raiah), *lettres du Raiah* vol. 2, 34.

[92] Rav Yitzhak HaCohen Kook (le Raiah), *Orot* [*lumières*], 16.

[93] Rav Yéhouda Leib HaLevi Ashlag (Baal HaSoulam), *Les écrits du Baal HaSoulam*, "Le *Shofar du* messie" (Institut de recherche Ashlag, Israël, 2009), 457.

[94]Rav Yéhouda Leib HaLevi Ashlag (Baal HaSoulam), *Les écrits du Baal HaSoulam*, "*Arvout* [Garantie mutuelle]," item 28 (Institut de recherche Ashlag, Israël, 2009), 397.

[95] Rav Moshe Chaim Lozzatto (Ramchal), *le commentaire du Ramchal de la Torah, BaMidbar* [Nombres].

[96]Yitzhak Isaac Hever Wildman, *Beit Olamim* [*Une maison éternelle*] (Varsovie, 1889), 130a.

[97] Rav Moshe Chaim Lozzatto (Ramchal), *Articles de doctrine* (Oybervisha (Felsövisó) Roumanie, 1928), 15. Online source : http://www.hebrewbooks.org/33059

[98] Rav Abraham Isaac HaCohen Kook (Raaiah) (paru dans *HaPeles* magazine rabbinique, Berlin, Allemagne, 1901) (A. La Vocation d'Israël et sa Nationalité, Chapitre 1, p 26).

[99] HaRav Avraham Yitzchak HaCohen Kook, *Lettres du RAAIAH 3*, 194-195.

[100] Rav Abraham Isaac HaCohen Kook (Raaiah), *Ein Ayah* [*un œil d'aigle*], Shabbat 1, p 188.

[101] Rabbi Naphtali Tzvi Yéhouda Berlin (le *NATZIV* de Volojin), *Haamek Davar* [*approfondie le sujet*] sur *Devarim* [Deutéronome], Chapitre 27:5.

[102] Johannes Reuchlin, *De Arte Cabbalistica* (Hagenau, Allemagne : Tomas Anshelm, Mars 1517), 126.

[103] Source: *Un livre de pensées juives*, ed. J. H. Hertz (Londres : Oxford University Press, 1920), 134.

[104] Paul Johnson, (historien chrétien), *Une histoire des Juifs* (New York: First Perennial Library, 1988), 585-6.

[105] Thomas Cahill, *Les cadeaux des Juifs: Comment une tribu de nomades du désert a changé la façon dont chacun pense et ressent* (New York: Nan A. Talese/Anchor Books (imprints of Doubleday), 1998), 3.

[106] Rabbi Shmuel Bornstein, *Shem MiShmuel* [*Au nom de Samuel*], *Miketz* [à la fin], *TARPA* (1921).

[107] Rav Yéhouda Leib HaLevi Ashlag (Baal HaSoulam), *Les écrits du Baal HaSoulam*, " La sagesse de la Kabbale et la philosophie" (Institut de recherche Ashlag Israël, 2009), 38.

[108] Terrot Reavely (T.R.) Glover, *L'ancien monde* US : Penguin Books, 1944), 184-191.

[109] Herman Rauschning, *L'animal des Abysses* (UK : W. Heinemann, 1941), 155-56.

[110] Joseph Flavius, *Les guerres des Juifs,* Chapitre 1, traduit par William Whiston dans *Les travaux de Flavius Joseph* (UK : Armstrong and Plaskitt AND Plaskitt & Co., 1835), 564

[111] William Whiston, *Les travaux de Flavius Joseph*, 565.

[112] Yaakov (Jacob) Leschzinsky, *La dispersion juive* (Israël, Organisation mondiale sioniste, 1961), 9.

[113] Le St ARI, *Huit portes*, *Shaar HaPsoukim* [Portes aux versets], *Parashat Shemot* [Portion, Exode].

[114] Rabbi Naphtali Tzvi Yéhouda Berlin (le *NATZIV* de Volojin), *Haamek Davar* [*approfondie le sujet*] sur *Devarim* [Deuteronome], Chapitre 27:5.

[115] Rav Yéhouda Leib HaLevi Ashlag (Baal HaSoulam), *Les écrits du Baal HaSoulam*, "articles de *Shamati* [J'ai entendu]," article no. 86, "et ils construisirent de belles villes" (Institut de recherche Ashlag, Israël, 2009), 591.

[116] ibid.

[117] Rav Yéhouda Leib HaLevi Ashlag (Baal HaSoulam), *Les écrits du Baal HaSoulam*, "*Arvout* [Garantie mutuelle]" (Institut de recherche Ashlag, Israël, 2009), 393.

[118] Rav Yéhouda Leib HaLevi Ashlag (Baal HaSoulam), *Les écrits du Baal HaSoulam*, "une servante qui hérite de sa maitresse " (Institut de recherche Ashlag, Israël, 2009), 454.

[119] *Midrash Raba*, "Cantique des cantiques," *Parasha* no. 4, 2nd paragraphe.'

[120] Talmud de Babylone, *Massekhet Pessachim*, p 87b.

[121] Yéhouda Leib Arie Altar (ADMOR de Gour), *Sefat Emet*, *Parashat Yitro* [Portion, Jéthro], *TARLAZ* (1876).

[122] Hillel Tzaitlin, *Le livre de quelques-uns* (Jérusalem, 1979), 5.

[123] Rav Yéhouda Leib HaLevi Ashlag (Baal HaSoulam), *Les écrits du Baal HaSoulam*, "L'amour de Dieu et l'amour de l'homme" (Institut de recherche Ashlag, Israël, 2009), 486.

[124] Johann Wolfgang von Goethe, *Wilhelm Meisters Lehrjahre* [les années d'apprentissage de Wilhem Meister](Berlin (Allemagne), Johann Friedrich Unger, 1795-1796), 359.

[125] Glover, *L'ancien monde*, 184-191.

[126] Ernest van den Haag, *La mystique juive* (US, Stein & Day, 1977), 13.

[127] Blaise Pascal, *Pensées*,

[128] Ashlag, *Talmud Esser Sefirot (l'étude des dix Sefirot)*, Part 1, "Introduction à l'étude des dix Sefirot," 31.

[129] Talmud de Babylone *Massekhet Houlin*, p 89a.

[130] Maïmonide, *Les écrits du Rambam* [Maïmonide], "La morale du Rambam à son fils, Rabbi Abraham."

[131] Elimelech de Lizhensk, *Noam Elimelech* (*l'amabilité d'Elimelech*), *Parashat Beshalach* [Portion, "Quand Pharaon envoya"].

[132] Rabbi Jacob Joseph Katz, *Toldot Yaakov Yosef* [*Les générations de Jacob Joseph*], *BeShalach* [quand Pharaon envoya], item 1.

[133] Rabbi Katz, *Toldot Yaakov Yosef* [*Les générations de Jacob Joseph*], *Akharei* [après la mort], item 1.

[134] Jonathan ben Natan Netah Eibshitz, *Yaarot Devash* [*rayons de miel*], Part 2, traité no. 10.

[135] Rav Yéhouda Leib HaLevi Ashlag, *Shamati* [*J'ai entendu*], article no. 144, « il y a un certain peuple » (Canada, Laitman Kabbalah Publishers, 2009), 300.

[136] ibid.

[137] Rav Avraham Yitzchak HaCohen Kook (Raaiah), *Articles du Raaiah*, vol. 1, pp 268-269.

[138] Rav Yéhouda Leib HaLevi Ashlag (Baal HaSoulam), *Les écrits du Baal HaSoulam*, "La liberté" (Institut de recherche Ashlag, Israël, 2009), 420.

[139] Talmud de Babylone, *Massekhet Sanhedrin*, 97b.

[140] Talmud de Babylone, *Massekhet Avoda Zara* [Idolâtrie], 2b.

[141] Nouveau Testament, Jean 4:22

[142] Nouveau Testament, Romains 3:1-2

[143] Martin Gilbert, *Churchill et les Juifs* (UK, Simon & Schuster, 2007), 38.

[144]*Un livre des pensées juives*, ed. J. H. Hertz (Oxford University Press, 1920), 131

[145] Professor Huston Smith, *Les religions de l'homme* (New York :

HarperCollins, 1989).

146 Léon Tolstoy, "Qu'est-ce que le Juifs ?" cité dans *la Résolution finale*, p 189, imprimé edans le périodique *Jewish World*, 1908.

147 Paul Johnson, (historien chrétien), *Une histoire des juifs* (New York, First Perennial Library, 1988), 2

148 Rav Yitzhak HaCohen Kook (le Raiah), *Articles du Raaiah*, vol. 2, "Le grand appel pour la terre d'Israël," 323.

149 Aaron Soresky, "L'ADMOR, Rabbi Yéhouda Leib Ashlag ZATZUKAL — Baal HaSoulam: 30ème Anniversaire de son décès," *Hamodia*, 9, Tishrey, TASHMAV (24 Septembre 1985).

150 Rav Avraham Yitzchak HaCohen Kook (Raaiah), *articles du Raaiah*, vol. 1, pp 268-269.

151 Rav Yéhouda Leib HaLevi Ashlag (Baal HaSoulam), *Les écrits du Baal HaSoulam*, "Les écrits de la dernière génération " (Institut de recherche Ashlag, Israël 2009), 853.

152 Rav Yéhouda Leib HaLevi Ashlag (Baal HaSoulam), *Les écrits du Baal HaSoulam*, "Les écrits de la dernière génération " (Institut de recherche Ashlag, Israël 2009), 841.

153 Henry Ford, *Le Juif international — Le principal problème du monde* (The Noontide Press: Books On-Line), 40.

154 Henry Ford, *Le Juif international — Le principal problème du monde* (The Noontide Press: Books On-Line), 8.

155 Henry Ford, *Le Juif international — Le principal problème du monde* (The Noontide Press: Books On-Line), 28.

156 John Adams, dans une lettre à F. A. Vanderkemp (16 Février 1809), comme cité dans *Les racines de l'ordre Américain* (1974) de Russel Kirk.

157 Mark Twain, *Les essais complets de Mark Twain*, "À propos des juifs" (publié dans le magazine Harper 1899), Doubleday, [1963], pg. 249.

158 Martin Gilbert, *Churchill et les Juifs* (UK, Simon & Schuster, 2007), 16.

[159] Ronnie S. Landau, *L'holocauste nazi: son histoire et signification* (US, Ivan R. Dee, 1994), 137.

[160] "Décisions prise à la conférence d'Evian sur les réfugiés juifs (14 juillet 1938), http://www.cicad.ch/fr/educational-materials/conf%C3%A9rence-devian-1938.html

[161] Centre de ressources de la Shoah Yad Vashem, , "Conférence d'Evian," url: http://www1.yadvashem.org/odot_pdf/Microsoft%20Word%20-%206305.pdf

[162] Yad Vashem, "Ressources citées, Conférence d'Evian," url: http://www1.yadvashem.org/yv/en/exhibitions/this_month/resources/evian_conference.asp

[163] Baal HaSoulam, *Les écrits du Baal HaSoulam*, "Les écrits de la dernière génération," 832-833.

[164] Eric Hoffer, *Los Angeles Times*, 26 mai 1968

[165]De M.L. King Jr., "Lettre à un ami anti sioniste," *Saturday Review* XLVII (Août 1967), p. 76 Réimprimé dans M.L. King Jr., "Ce que je crois: Sélections des écrits du Dr. Martin Luther King Jr."), url : http://www.internationalwallofprayer.org/A-022-Martin-Luther-King-Zionism.html

[166] Département d'Etat Américain « rapport sur l'antisémitisme mondial » (5 janvier 2005), url : http://www.state.gov/j/drl/rls/40258.htm

[167] Ruth Ellen Gruber, "L'antisémitisme sans juif," url : http://www.annefrank.org/ImageVaultFiles/id_11774/cf_21/Gruber.pdf

[168] Robert Fulford, "L'antisémitisme sans juif en Malaisie," *National Post* (6 Octobre 2012), url: http://fullcomment.nationalpost.com/2012/10/06/robert-fulford-anti-semitism-without-jews-in-malaysia/

[169] ibid.

[170] Rabbi Nathan Neta Shapiro, *Révèle des choses profondes Parashat Shemot* [Exode].

[171] Rabbi Nathan Neta Shapiro, suit la lecture de la Torah à chaque Shabbat (samedi) et lors des fêtes juives et jours de jeun. Celui qui

lit la *haftarah* est appelé *maftir.*

[172] "Diaspora," *Encyclopédie juive* url: http://www.jewishencyclopedia.com/articles/5169-diaspora.

[173] ibid.

[174] ibid.

[175] Dan Cohn-Sherbok, *Le paradoxe de l'antisémitisme* (UK : Continuum International Publishing Group, 2006), XIV (Preface).

[176]William Whiston, *Les travaux de Flavius Joseph*, 565.

[177] ibid.

[178] Joseph Flavius, *Les antiquités judaïques*, XIV, 115.

[179] "Diaspora," *The Jewish Encyclopedia*, url: http://www.jewishencyclopedia.com/articles/5169-diaspora.

[180] Norman Roth, *Juifs, Visigoths, et Musulmans dans l'Espagne médiévale: coopération et conflit* (Pays-bas, E.J. Brill, 1994), 2.

[181] ibid.

[182] Jane S. Gerber, *Les Juifs d'Espagne: Une histoire de l'expérience sépharade* (New York, Free Press ; Novembre 2, 1992), Kindle edition.

[183] ibid.

[184] Rabbi Shimon Bar Yochai (Rashbi), *Le livre du Zohar* (avec le commentaire du *Soulam* [échelle] du Baal HaSoulam, *Noé*, vol. 3, item 385 (Jérusalem), 132.

[185] Michael Grant, *D'Alexandre à Cléopâtre: Le monde hellénistique* (New York: Charles Scribner & Sons, 1982), 75.

[186] Cité dans *Le trésor religieux et les citations spirituelles* (US, Readers Digest, 1er janvier 1994), 280.

[187] Jacob Rader Marcus, *Le juif dans le monde médiéval: A Sourcebook: 315-1791*, (US: Hebrew Union College Press, 1999), 60-61.

[188] ibid.

[189] Dr. Erwin W Lutzer avec Steve Miller, *La croix à l'ombre du croissant: une réponse avisée à la guerre de l'Islam avec la chrétienté*

(Harvest House Publishers, Oregon, 2013), 65.

[190] Israel Zinberg, *Histoire de la littérature juive: Le centre de la culture juive dans l'empire Ottoman*, Vol 5 (New York, Ktav Pub. House, 1974), 17.

[191]Hillel Tzaitlin, *Le livre de quelques-uns* (Jérusalem, 1979), 5.

[192] Sol Scharfstein, *comprendre l'histoire juive: de la Renaissance au 21ème siècle* (Imprimé à Hong Kong, Ktav Publishing House, 1997), 163-164.

[193] Salo W. Baron, "“Ghetto et Emancipation: Devrions-nous réviser nos positions traditionnelles ?" dans: *Le trésor de la Ménora: Récolte d'un demi-siècle* (Philadelphie: Jewish Publication Society of America, 1964), 52.

[194] Salo W. Baron, "Ghetto et Emancipation: Devrions-nous réviser no positions traditionnelles ?" dans: *Le trésor de la Menorah: Récolte d'un demi-siècle*, 54-55.

[195] Rabbi Shmuel Bornstein, *Shem MiShmuel* [*au nom de Samuel*], *VaYakhel* [et Moïse assembla], *TAR'AV* (1916)

[196] *Assimilation et Communauté: Les Juifs dans l'Europe du dix-neuvième siècle*, Ed: Jonathan Frankel, Steven J. Zipperstein (UK, Cambridge University Press, 1992), 8.

[197] *Assimilation et Communauté: Les Juifs dans l'Europe du dix-neuvième siècle*, Ed: J. Frankel, S.J. Zipperstein, 12.

[198] "Emancipation," *Jewish Virtual Library*, url: http://www.jewishvirtuallibrary.org/jsource/judaica/ejud_0002_0006_0_05916.html

[199] Werner Eugen Mosse, *Révolution et évolution: 1848 dans l'Histoire germano-juive* (Allemagne, J.C.B. Mohr (Paul Siebeck) Tubingen, 1981), 255-256.

[200] Eugen Mosse, *Révolution et évolution: 1848 dans l'Histoire germano-juive* 260.

[201] Donald L. Niewyk, *Les juifs dans l'Allemagne de la Weimar* (New Jersey, Transactions Publishers, New Brunswick, 2001), 95.

[202]Niewyk, *Les juifs dans l'Allemagne de la Weimar*, 84.

[203] ibid.

[204] Cohn-Sherbok, *Le Paradoxe de l'Antisémitisme*, XIV (Préface).

[205]Adolf Hitler, *Mein Kampf* (US, Noontide Press, 2003), 51.

[206]Ludwig Feuerbach, *L'essence du christianisme*, traduit par Marian Evans (Londres, John Chapman, 1843), 113.

[207] *Assimilation et Communauté: Les Juifs dans l'Europe du dix-neuvième siècle*, Ed: Jonathan Frankel, Steven J. Zipperstein, 12.

[208] "Conservative Judaism," *Encyclopaedia Britannica*, url : http://www.britannica.com/EBchecked/topic/133461/Conservative-Judaism

[209] Michael A. Meyer, *réponse à la modernité: Une histoire du mouvement libéral dans le judaïsme* (Detroit, US: Wayne State University Press, 1995), 226.

[210] Meyer, *Réponse à la modernité: Une histoire du mouvement libéral dans le judaïsme*, 227.

[211] Judaïsme libéral: Centenaire de Perspective, Adopté à San Francisco – 1976 (27 Oct. 2004), url : http://ccarnet.org/rabbis-speak/platforms/reform-judaism-centenary-perspective/

[212] ibid.

[213]Rav Yéhouda Leib HaLevi Ashlag (Baal HaSoulam), *Les écrits du Baal HaSoulam*, « Introduction au livre du Zohar » (Institut de recherche Ashlag, Israël 2009), 450-453.

[214] ibid.

[215]ibid.

[216] ibid.

[217] Rav Yéhouda Leib HaLevi Ashlag (Baal HaSoulam), *Les écrits du Baal HaSoulam*, "La Nation" (Institut de recherche Ashlag, Israël, 2009), 489.

[218] ibid.

[219] Rav Yéhouda Leib HaLevi Ashlag, *Shamati* [J'ai entendu],

article n° 144, “Il y a un certain peuple” (Canada, Laitman Kabbalah Publishers, 2009), 300.

[220] Adolf Hitler, *Mein Kampf* (The Noontide Press: Books On-Line), 219, url: www.angelfire.com/folk/bigbaldbob88/MeinKampf.pdf

[221] “Roger Federer: 2016 jeux possibles,” *Associated Press*, July 26, 2012, url: http://espn.go.com/olympics/summer/2012/tennis/story/_/id/8202865/roger-federer-leaning-competing-rio-2016-body-holds-up.

[222] *School for Culture Education, Programme Be'eri*, Institut Shalom Hartman, 26 juin 2011. url: http://medaon.org/files/zehutariel.pdf.

[223] *Pirkey de-Rabbi Eliezer* (Chapitres de Rabbi Eliezer), Chapitre 24.

[224] Midrash Raba, *Béréshit* [Genèse], *Parasha* 39, Paragraphe no. 3.

[225] Rabbi Behayei Ben Asher Iben Haluah, *Rabeinu* [notre Rav] *Behayei*, *Béréshit* [Genèse] 15:6.

[226] Associated Press, “Recession will likely be longest in post-war era,” MSNBC (Mars 2009), http://www.msnbc.msn.com/id/29582828/wid/1/page/2/

[227] Clive Thompson, “Comment vos amis vous font grossir ?” *The New York Times* (10 Septembre 2009), http://www.nytimes.com/2009/09/13/magazine/13contagion-t.html?_r=1&th&emc=th

[228] ibid.

[229] ibid.

[230] ibid.

[231] “Nicholas Christakis: L'influence cachée des réseaux sociaux” (interview Tv, citation prise à la 17:11 minutes), TED 2010, http://www.ted.com/talks/nicholas_christakis_the_hidden_influence_of_social_networks.html

[232] Anthony Giddens, *Le monde incontrôlé : comment la globalisation remodèle nos vies* (N.Y., Routledge, 2003), 6-7.

[233] Dr. Leandro Herrero, Homo Imitans: *L'art de l'infection sociale: Changement viral en action* (UK: Meetingminds Publishing, 2011), 4.

[234] ibid.

[235] Pascal Lamy "Lamy souligne la nécessité d'une unité dans notre diversité mondiale *Organisation Mondiale du Commerce* (OMC) (14 Juin 2011), http://www.wto.org/french/news_f/sppl_f/sppl194_f.htm

[236] Christian Jarrett, Ph.D, "Mirror Neurons: The Most Hyped Concept in Neuroscience ?" *Psychology Today* (December 10, 2012), url: http://www.psychologytoday.com/blog/brain-myths/201212/mirror-neurons-the-most-hyped-concept-in-neuroscience

[237] ibid.

[238] Nicholas A. Christakis, *James H. Fowler, Connecté : La force surprenante de nos réseaux sociaux et comment ils forment nos vies – comment les amis de vos amis influencent sur tout ce que vous ressentez, pensez et faites* (USA, Little, Brown and Company, 12 Janvier 2011), 305.

[239] Maimonide, *Yad HaChazakah* (*La main puissante*), Part 1, « le livre de la science » Chapitre 1, Item 3.

[240] Rav Yéhouda Leib HaLevi Ashlag (Baal HaSoulam), *Les écrits du Baal HaSoulam*, « La liberté » (Institut de recherche Ashlag, Israël, 2009), 414.

[241] "Evolution Can Occur in Less Than Ten Years," *Science Daily* (15 Juin 2009), http://www.sciencedaily.com/releases/2009/06/090610185526.htm

[242] John Cloud, "Pourquoi votre ADN n'est pas votre destin," *Time Magazine* (6 Janvier 2010), url: http://www.time.com/time/magazine/article/0,9171,1952313,00.html.

[243] ibid.

[244] Rav Yéhouda Leib HaLevi Ashlag (Baal HaSoulam), *Les écrits du Baal HaSoulam*, « La liberté », 419.

[245] ibid.

[246] ibid.

[247] Rav Yéhouda Leib HaLevi Ashlag (Baal HaSoulam), *Les écrits du Baal HaSoulam*, "La liberté"419.

[248] ibid.

[249] Cité du film, *Crossroads: Labor Pains of a New Worldview*, de Joseph Ohayon, publié le 31 Décembre 2012, sur Youtube, url : https://www.youtube.com/watch?v=5n1p9P5ee3c, 2:53 from the beginning.

[250] Thomas J. Murray, Ed.D., "What is the Integral in Integral Education ? From Progressive Pedagogy to Integral Pedagogy," *Integral Review* (Juin 2009), Vol. 5, No. 1, p 96.

[251] http://en.wikipedia.org/wiki/Integral_education.

[252] http://www.merriam-webster.com/dictionary/homeostasis.

[253] T. Irene Sanders and Judith McCabe, PhD, *The Use of Complexity Science: a Survey of Federal Departments and Agencies, Private Foundations, Universities, and Independent Education and Research Centers*, October 2003, Washington Center for Complexity & Public Policy, Washington, DC. url: www.hcs.ucla.edu/DoEreport.pdf

[254] Rav Yéhouda Leib HaLevi Ashlag (Baal HaSoulam), *Les écrits du Baal HaSoulam*, 44.

[255] Jon R Katzenbach & Douglas K Smith, *The Wisdom of Teams: Creating the High-Performance Organization* (US : Harvard Business School Press, January 1, 1992), 37-38.

[256]U.S. Department of Education, "Media Guide — Helping Your Child Through Early Adolescence," http://www2.ed.gov/parents/academic/help/adolescence/index.html.

[257]University of Michigan Health System, "Télévision et enfants," http://www.med.umich.edu/yourchild/topics/tv.htm.

[258]ibid.

[259] Barbara M. Newman et Philip R. Newman, *Développement*

par la vie: Une approche psychologique (Belmont, CA: Wadsworth Cengage Learning, 2008), 250

[260] Elliot Aronson, *L'animal social*, pp 153-54, cite dans : Alfie Kohn, *Sans contestation: Le cas contre la Compétition* (NY : Houghton Mifflin Company, 1986), 2.

[261] Jeffrey Norris, "Yamanaka's Nobel Prize Highlights Value of Training and Collaboration," UCSF News Section (11 Octobre 2012), url: http://www.ucsf.edu/news/2012/10/12949/yamanakas-nobel-prize-highlights-value-training-and-collaboration

[262] ibid.

[263] David W. Johnson and Roger T. Johnson, "An Educational Psychology Success Story: Social Interdependence Theory and Cooperative Learning," *Educational Researcher* 38 (2009): 365, doi : 10.3102/0013189X09339057

[264] Johnson et Johnson, "Educational Psychology Success Story," 368

[265] Les livres relatifs au narcissisme dans la société américaine abondent. Quelques bons exemples: Jean M. Twenge and W. Keith Campbell, *The Narcissism Epidemic: Living in the Age of Entitlement* (New York: Free Press, A Division of Simon & Schuster, Inc. 2009), and Christopher Lasch, *The Culture of Narcissism: American Life in an Age of Diminishing Expectations* (USA: Norton & Company, May 17, 1991)

[266] ibid.

[267]ibid.

[268] Johnson et Johnson, "Educational Psychology Success Story," 371

[269] ibid.

[270]Midrash Raba, *Bereshit* (Genèse), Portion 38, Paragraphe 6.

[271] Rabbi Nathan Sternhertz, *Likutey Halachot* [*Règles variées*], "Régles de la *Tefilat Arvit* [Prière du soir]," Règle n°4.

[272] Rav Yéhouda Leib HaLevi Ashlag (Baal HaSoulam), *Les écrits*

du Baal HaSoulam, "*Arvout* [Garantie mutuelle]," item 28 (Institut de recherche Ashlag, Israël, 2009, 393

CONTACTS

Bnei Baruch - Institut de recherche et d'étude de la Kabbale
www.kabbalah.info/fr

Kabbalah TV
www.kab.tv/fre

Librairie
www.kabbalahbooks.info
www.kabbalahbooks.info/kabbalah-books-french-s/36.htm

Le blog personnel de Michaël Laitman
www.laitman.fr

Centre d'Éducation de la Kabbale (en anglais)
edu.kabbalah.info

E-mail
groupefrancophonebb@gmail.com
info@kabbalah.info

Bnei Baruch Association
PO BOX 3228
Petach Tikva 49513
Israël
Tel : +972 3 922 6723

Kabbalah Books
1057 Steeles Avenue West, Suite 532
Toronto, ON, M2R 3X1
Canada
E-mail : info@kabbalahbooks.info
Site web : www.kabbalahbooks.info
Tel : +1 416 274 7287

63779269R00133

Made in the USA
Middletown, DE
27 August 2019